幼儿园课程故事研究丛书

主　编

张　斌　虞永平

编写人员

刘金赵　阴玉婷　张贤青　庄卢波　施卓筠
陈　宁　张　丹　郑　超　钟萍萍　何　涛
王红宇　席　燕　许晶晶　朱筱雯　张晓文
刘　静　王芳芳　朱丽华　张慧琴　宦　欣

探索，成长的力量

主编　张斌　虞永平

南京师范大学出版社
NANJING NORMAL UNIVERSITY PRESS

图书在版编目(CIP)数据

探索,成长的力量 / 张斌,虞永平主编. —南京:
南京师范大学出版社, 2019.9 (2023.9重印)
(幼儿园课程故事研究丛书)
ISBN 978-7-5651-4244-4

Ⅰ.①探… Ⅱ.①张…②虞… Ⅲ.①学前教育一课
程设计 Ⅳ.①G612

中国版本图书馆 CIP 数据核字(2019)第121352号

书　　名　探索,成长的力量
丛 书 名　幼儿园课程故事研究丛书
主　　编　张　斌　虞永平
策划编辑　张　莉　官军燕
责任编辑　於　迪
出版发行　南京师范大学出版社
地　　址　江苏省南京市玄武区后宰门西村9号(邮编:210016)
电　　话　(025)83598919(总编办)　83598412(营销部)　83598312(邮购部)
网　　址　http://press.njnu.edu.cn
电子信箱　nspzbb@njnu.edu.cn
印　　刷　扬州市文丰印刷制品有限公司
开　　本　787毫米×1000毫米　1/16
印　　张　15.25
字　　数　225千
版　　次　2019年9月第1版　2023年9月第5次印刷
书　　号　ISBN 978-7-5651-4244-4
定　　价　48.00元

出 版 人　张　鹏

序

幼儿园课程故事本质上是一种教育实践叙事,就是讲述那些以小见大、发人深省、关乎幼儿园课程建设与发展的故事。它是幼儿教师对课程实践过程中真实事件的叙述,其目的在于通过故事去体悟并阐述教育工作所蕴含的规律、原理,促进叙述主体和听众(读者)对教育现象——特别是课程问题——的深度理解与思考;是一种将客观事实呈现、主观感受体验和理性观点阐释融为一体的教育经验发现过程。

课程故事是一种回顾。其内容都来自幼儿园课程实践的点滴,教师在讲述故事的时候便是在回忆和梳理自己的课程经历,积累经验。这些内容作为对真实教育情境的再现,本身就是一笔财富。正如苏霍姆林斯基曾经说过的:“我建议每一位教师都来写教育日记。教育日记并不是什么对它提出某些格式要求的官方文献,而是一种个人的随笔记录,在日常工作中就可以记。这些记录是思考和创造的源泉。那种连续记了 10 年、20 年甚至 30 年的教师日记,是一笔巨大的财富。每一位勤于思考的教师,都有他自己的体系、自己的教育学修养。”虽然课程故事并不等同于教育日记,但教育日记的确是课程故事的重要基础。

课程故事是一种反思。随着教育工作的复年复日,幼儿教师的专业敏感往往会在例行公事般的幼儿园生活中被钝化,而实践叙事就是要我们去重新审视那些在幼儿园场域内看似司空见惯的细节,重新发现其中的教育意蕴,重新感受在表面平淡的教育生活背后那些不平凡的意义,从而把作为叙事者的教师自身的思维触角引向自我教育生活的深层。

课程故事是一种研究。教师从事教育研究的目的在于改善自己的教育品质,提升教育能力,更新教育观念,这就需要教师开展的研究务实、有用。而现实中却存在教师对某些观点心存疑虑却仍然“引经据典写论文”的“研究”,这显然违背了教师进行教育研究的初衷。对教师而言,讲述故事可以帮助他们积累大量的工作现场素材，反思故事能够让他们对幼儿园实践经验进行重构或重组，这个过程往往会引导叙事者或发现问题，或寻找原因，或生成对策，或形成工作思路，或得出教育规律——获得解决某些问题的更上位的经验，这才是幼儿园教师要做的研究。

课程故事是一种分享。由于课程故事的内容来源于真实情境，其所展示的现象、反映的问题往往与广大一线教师的经历如出一辙，很容易引起共鸣、激发交流。一方面，教师在叙述故事、描述问题、阐述观点的过程中要将自己的所遇、所感、所想表达出来，与志同道合的人士进行专业经验分享；另一方面，听众（读者）们可能还会就某些问题进行持续的讨论，形成共享多种观点的局面。这里，课程故事为大家分享、交流专业观点搭建了平台，提供了思路。

课程故事还是一种成长。它将教师的工作、学习和研究有机融为一体，使教师在实践思维和理论思维之间不断转换，获得更有利于其专业发展的思维模式训练，同时，还有利于增进教师对自身课程实践内涵的理解，树立正确的教育信念，建立远大的教育理想。毫不夸张地说，课程故事能够让任何一位教师实现扎实的专业成长，实现在原有水平上的进步。

南京师范大学出版社策划并出版“幼儿园课程故事研究丛书”，既是对我国幼儿园课程实践现状的总结与展示，更是对生发于幼儿园课程场域的现象、经验、观点和理论的发掘和整理。其以故事的形式叙述幼儿园课程建设过程中的立场、经验、反思以及幼儿和教师的成功、喜悦、收获、苦恼、失落、决心和意志，真实地反映教育改革的背景下我国幼儿园教育发展的真实画面，让幼儿园园长和教师在轻松的阅读中有所收益。

我们希望该套丛书的价值不止停留在“讲故事”的层面，更能够激起各位读者进行专业思考的意愿和行动。套用一句老话，便是期待抛此“砖”能引来彼之“玉”，能为我国幼儿园教师专业成长与幼儿教育事业品质的提升有所贡献！

张　斌　虞永平

2018 年秋

目　录

向日葵的故事

山东省德州市经济技术开发区跃华学校幼儿园　刘金赵

持续时间:2018 年 5 月至 2018 年 10 月

年龄段:中班

缘起

为了支持孩子们的插花活动,我们在生态园开辟了“秘密花园”。又到了种植“秘密花园”的时候,为了深化孩子们对花的认知经验,我想以“班花”为切入点进行种植。

为了让家长们对“课程、生命、孩子”建立起联系,我把“选什么花作为班花”这个问题抛给了家长,不少家长提到向日葵。我也认为向日葵是一个不错的选择。第一,向日葵象征着顽强、向上、阳光;第二,向日葵生长周期较短,一般为 3 至 4 个月,它的阶段变化比较明显,容易引起孩子的关注;第三,向日葵对生长条件要求不高,也适合中班孩子进行种植;第四,孩子们没有种植向日葵的经验。

当我把与家长讨论的情况和孩子们进行沟通时,他们对种植向日葵表现出极大的热情。

白白说:“向日葵我见过,花开得可漂亮了,我喜欢向日葵。”

果果说:“向日葵结的种子就是瓜子,我们种向日葵也能吃到瓜子。”

继儒说:“向日葵是向着太阳转的,我想观察一下。”

看到孩子们的反应,我的心落地了。于是,种植向日葵的课程就拉开了帷幕。

尧尧的承诺

图 1　尧尧带来了向日葵种子

在我与孩子们进行沟通时，尧尧兴奋地说："我让妈妈在网上购买向日葵种子。"听到孩子的话，我并没有上心。2018 年 6 月 2 日，尧尧把向日葵种子带到了班级。看到这一幕，我对自己先前的态度感到愧疚。这也让我意识到，我们要对孩子的承诺给予积极的回应。

"漫山遍野"的"秘密花园"

2017 年，最初种植"私密花园"时，种植地点主要是由教师选定。2018 年 6 月 2 日开始的向日葵种植活动，我把"从哪里种""怎样种"完全交给孩子们决定。首先，我请孩子们对要种植的具体地点进行了规划。然后，孩子们拿着规划图在生态园找到具体位置进行了种植。当孩子们种植向日葵时，我也择机去了解了他们选择相应地点的原因。

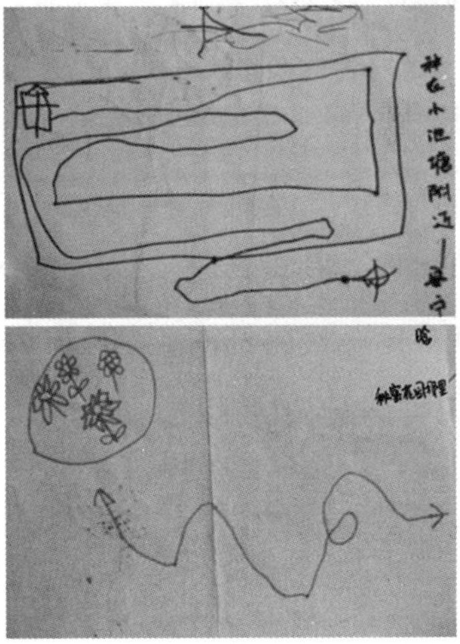

图 2　规划种植地点

图 3　"漫山遍野"种植

小溪说:“我把种子种在了小土山旁,这样向日葵就能看到山上的小草了。”

大琪说:“我把种子种在了我搭的鸟窝旁,这样小鸟会更喜欢这里。”

欣欣说:“我把种子种在了大滑梯旁,因为我喜欢玩大滑梯。”

格格说:“我把种子种在了小白桥旁的地里,因为我们昨天刚在那儿拔过草呀!”

……

虽然孩子们还不能够考虑到环境对向日葵生长的影响,但他们的想法却充满着儿童哲学,这些是需要我们倾听、尊重,甚至是学习的。孩子们把向日葵的种子播进了生态园的各个角落。播种地点的差异,为接下来向日葵生长条件的探究提供了机会。

我的“秘密花园”不见了

2018 年 6 月 4 日,我们一起去观察向日葵生长的情况。孩子们围着各自的种植地点转了一会,信信说:“我种向日葵的地方找不到了!”接着,彤彤也说:“我的也找不到了!”接连几个孩子都说找不到前天种植的地方了。

我问:“怎么办呢?”

泽泽说:“挖一挖吧。”

“不可以的,这样向日葵会被挖死的。”继儒担心地说。

皓皓说:“那就再种一次吧!”

尧尧说:“种的时候,需要做个标记,这样就不会忘了。”

尧尧的提醒让孩子们主动地去想办法给种下去的种子做标记。皓皓找来一块砖头立起当作标记,昕昕插一根树枝当作标记,女果找来两根草叶交叉摆在一起当作标记,晗晗把一株长在种子旁边的马齿苋当作标记,睿睿把前期搭在矮树上的鸟窝当作标记(因为他的向日葵种子就种在这个鸟窝下面)……

在活动中,我把解决问题的机会还给了孩子,看到他们富有个性和创造性的问题解决方式,我更加坚信"孩子是主动的学习者和自我经验的建构者"。同时,我也意识到孩子们的操作也一定能引发活动进一步的推进。

图 4 孩子们用自己的方法做标记

一场耐心的考验

在接下来的几天里,孩子们经常去看向日葵种子发芽了没有。但是,种子却一直没有动静。有的孩子迫不及待地给种子浇水,有的孩子明显失去了关注向日葵生长的兴趣和耐心……

基于对孩子们情况的思考和分析,我认为此时需要做一下引导。于是我抛出了一个问题:"我们怎样才能及时发现向日葵种子发芽呢?"

昕昕说:"每天都来观察。"

悦悦说:"上午、下午都来看一下。"

大皓说:"可是,我们经常会忘记呀!"

果果说:"那就做个计划,画个表格,记录一下,贴在墙上提醒我们不就行了。"

孩子们一致同意果果的办法。

我问:"怎样记录呢?"

小雨说:"发芽就画'对勾',没发芽就画'叉号'。"

泽泽说:"观察到发芽就画一个芽,没有发芽就不画。"

格格说:"还要画自己、太阳、漂亮的小花。"

睿睿反驳:"这也太麻烦了。"

……

最终孩子们选择了用画"对勾"和"叉号"的方法记录,并且每天做一次观察记录。

图 5　讨论观察记录的方法

图 6　进行观察记录

乱芽渐欲迷人眼

在几天的等待中，向日葵种子终于发芽了。同时发芽的还有一些其他植物。到底哪个芽是向日葵的呢？

白白指着一株牵牛花的芽说：“快看！我种的向日葵发芽了。”

果果说：“我的向日葵也发芽了，这个就是向日葵的芽。”

尧尧不服气地说：“不对！这不是向日葵的芽，向日葵应该长很多瓜子，这个上面只有一个瓜子。”

果果反驳道：“向日葵是一点点长大的，现在不会结很多瓜子的。”

尧尧还是不认输。

看到这个场景，我会心一笑，对他们说：“怎样才能确认哪些是向日葵的芽呢？”

安宁说：“在百度里搜一下就知道了。”

畅畅说：“等它长一段时间再观察一下就知道了。”

水晶说：“我们家有一本画有向日葵芽的书。”

为了证实孩子们的想法，我及时和孩子们利用电脑查找到了向日葵幼苗的图片。安宁兴奋地说：“它长得像一个竹蜻蜓呀！”第二天，水晶也把那本画有向日葵幼苗图片的书带过来分享。通过这些资料的帮助，孩子们知道了向日葵的芽到底长什么样。果果理直气壮地对尧尧说:“看! 书中画的向日葵的芽就是这个样子,上面也顶着一个向日葵籽。”面对事实,尧尧不再作声……

图 7　不同植物的幼苗长了出来

图 8　对向日葵的幼苗看法不一

瓜子仁掉在哪里了呢?

一天,信信在观察向日葵时发现了一个向日葵种皮,疑惑地问:“怎么向日葵的种子里边空了? 瓜子仁掉在哪里了呢?”水晶看了看也不理解。皓皓肯定地说:“瓜子仁一定掉在地上被虫子吃了。”原来孩子们虽然种植了向日葵,但没有发现向日葵种子在土壤中发生的变化,也没有相关的间接认知经验,所以才会有以上的困惑。我意识到这是一次非常有价值的学习,因为借助有效的实验是可以让孩子们寻找到答案的。

我引导孩子们在班级的自然角进行实验操作。操作历时一周,孩子们进行了跟踪观察,并对实验的整个过程做了详细的观察、记录。

在这个过程中,孩子们有了新的学习与发现。

水晶说:“向日葵种子先长出白白的根,根是细细、长长的。”

昕昕说:“我发现根是往下长的。”

小溪说:“根上还长出了一些更细的毛毛。”

皓皓说:“它的茎开始是弯弯的。”

信信说:“它的芽是两片,开始包着瓜子皮,最后,瓜子皮就掉了。”

尧尧说:“原来是瓜子仁长成了小苗!”

孩子们通过实验操作找到了答案,而且能够坚持进行观察、记录并清晰表达出自己的发现。

实验中的向日葵苗不断长高,后来它们长歪了,我和孩子们商讨后,把它们移栽到了生态园中。

图 9　孩子们准备实验并观察

图 10　孩子们进行记录

煮熟的向日葵种子能发芽吗?

6 月 7 日,区域活动时,尧尧过来问我:“老师,煮熟的瓜子能不能发芽呢?”我心中暗喜,随后带他去询问其他孩子。

安宁说:“煮熟的瓜子是不能发芽的。”

我问:“你是怎么知道的?”

安宁回应道:“是妈妈告诉我的。”

于果也提出同样的观点。他说是从一个故事中知道的。

我问:“你们想通过实验来证实一下吗?”

尧尧说:“那就试试吧。”

信信说:“我可以参加吗?”

尧尧说:“当然可以,那我们一起做吧!”

他们经过7天的持续观察、记录,最后得出“煮熟的向日葵种子是不能发芽的”这一结论,并且跟其他孩子分享了这个结论。

天有不测风云

6月9日,下起大雨,雨水流进了一些孩子种植向日葵的地里(这是一处低洼的空地)。

雨停后,那些以这里作为“秘密花园”的孩子们看到这一幕变得很激动:“我们的向日葵、我们的向日葵怎么办?”

于果说:“用水桶把水捞出来!”

格格说:“在地下挖一条通向小溪的管道,把水引出去。”

安宁兴奋地说:“我们家有一个抽水机,可以用它来抽水。”

经过讨论,大家一致认为于果的办法可行。我们也立刻联系了安宁妈妈,她迅速把抽水机送来。原来,那是一台潜水泵。

孩子们从资源库中迅速拿来小水桶,投入到向日葵苗的救援活动中。

潜水泵安装好后,孩子们看到潜水泵迅速地往外抽水都很兴奋,并在一旁观察,讨论着自己的发现。

经过3个多小时,水终于被抽干了,孩子们的心好像落地了。

图 11 “秘密花园”被淹，孩子们在救小苗

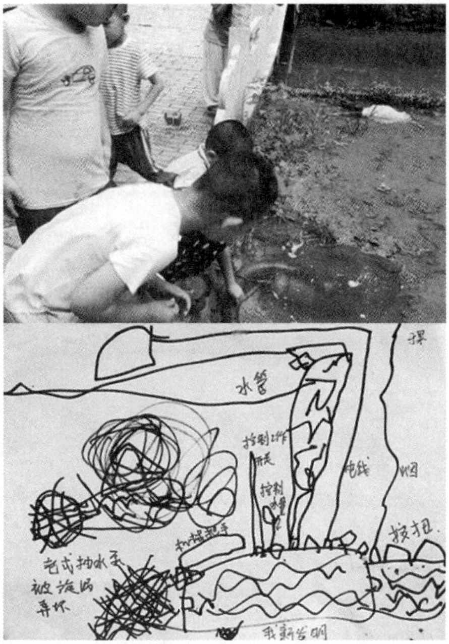

图 12 孩子们观察潜水泵抽水

从头再来

经过几天的观察，我们发现由于雨水的长时间浸泡，向日葵的幼苗被淹死了。在此处播种的几个孩子提出要重新种植。

此时，正是孩子们能够从向日葵具体的种植环境角度思考相关影响条件的时候。于是，我抛出了一个问题：“若再种向日葵，我们需注意什么呢？”

钢镛说：“种在高一些的地里，防止被雨水淹。”他的想法得到了其他孩子的高度认同。

格格说：“不能选小朋友经常玩的地方，容易被踩。”

我继续追问：“向日葵生长除了怕淹、怕踩，还需要注意什么？”

畅畅说：“土不能太干，这样种子就很难发芽。”

皓皓反驳道：“可以多浇水呀！”

畅畅回应道:“我试过,地太干,浇的水很快就会变没。”

果果说:“要找潮湿、松软的地方种植。”

结合大家的想法,孩子们接下来对生态园进行了一次种植地点勘察。这次种植地点的选择是基于对种植条件的关注和辨识进行的,不再是凭主观意愿决定。最终大家选择了一棵雪松旁的空地,因为这里地势比较高,土壤的软硬及干湿度比较适中,而且不容易被踩到。于是,孩子们进行了一次集体种植,之后还把这次种植过程表征了下来。

图 13　雪松旁的集体种植

图 14　种植后的表征

标识牌的诞生

有一天,尧尧慌张地跑过来说:“老师,有一棵向日葵苗被踩死了。”我拿起那株被踩断的向日葵幼苗给孩子们看,孩子们很伤心。为了防止向日葵幼苗再次被别班小朋友踩到,经过讨论,大家决定为“秘密花园”做标识牌。

在初次制作中,为了清晰把握孩子们的相关经验,我有目的地给孩子们提供了多种材料,请他们根据自己的想法选择材料和工具,设计、制作标识牌。

我发现,大多数孩子选择用纸板做标识牌,用胶带把标识牌固定在木质把柄上,只有皓皓选择用木板制作标识牌,并且用钉子把牌子固定在木制把柄上;所有的孩子都选择了用水彩笔绘制和书写标识牌的内容。

制作完成后,我们把标识牌安插在“秘密花园”中。

图 15　第一次制作并安插标识牌

标识牌坏了

标识牌安插后接连下了几场雨,6 月 23 日早上,我带孩子们去观察向日葵的生长情况。钢镚首先发现自己的标识牌坏了,并捡了过来让我们看。紧接着,其他孩子也去检查自己的标识牌。孩子们发现,标识牌的纸板被雨水淋坏,透明胶带失效,木质把柄脱落,用水彩笔绘制在牌面上的内容也模糊不清了。同时大家也观察到了皓皓的标识牌还好好地立着。

图 16　标识牌坏了

大家很快发现了皓皓的标识牌没有坏的原因:一是因为使用的是木板;二是因为用钉子进行了固定。

孩子们决定重做一次,他们先对所需的材料、工具进行了计划,并重新对标识牌的样式进行了设计。孩子们在计划中都选择使用木板或塑料板做标识牌,用钉子固定木质把柄,用不容易被水洗掉的记号笔或丙烯颜料绘画标识内容。在工具上我又添加了螺丝刀、钳子。

在孩子们进行实际操作时,我观察到:尧尧试图用锤子把螺丝钉钉进木板,尝试了很多次也没有成功。昕昕坚持用锤子将钉子钉进木板,结果 15 分钟只钉进去一半。信信和畅畅两人合作,轮流锤钉子,但还是锤不进去,并向我求助。

我认为介入的时机到了,首先引导孩子对相关工具进行了观察分析。

果果说:“螺丝刀上面有一个十字花纹,螺丝钉上也有一个十字花纹,原来它是专门拧螺丝钉的。”

白白补充说:“钉子头尖一些比较容易拧进木板中。”

现场我给孩子们进行了示范操作,接下来孩子们的操作变得很顺利。

通过这个活动我意识到,我们要及时关注并把握孩子们在活动中所遇到的挑战，及时给予适切、有效的引导，促成孩子们问题的解决，提升相关经验。

图 17　制作新标识牌计划

图 18　进行制作并安装

领养向日葵

一段时间后，“秘密花园”中长出了很多向日葵幼苗。我发现，孩子们每次观察的具体对象并不聚焦，变动性很大，这样不利于孩子们进行持续深入的观察，也会影响孩子们观察能力的发展。向日葵之间的株距较大，适宜孩子走近，这为近距离细致观察提供了条件。于是，我提出了“领养向日葵”的建议，孩子们对这个建议给予了积极的回应。

大家准备去领养向日葵时，格格很认真地提醒大家：“我们还需要给被领养的向日葵做一个认领牌，不然，我们会找不到自己的向日葵的。”孩子们也立刻意识到这一点，于是他们在教室中寻找到自己需要的材料并制作了认领牌，从而进行了领养。

我观察到：睿睿把认领牌插在领养的向日葵旁，还用土建了一个圆形的围拢，接着用蛋糕叉围着小苗插了一圈，他说这样自己的向日葵就会很安全，不会被踩到。水晶和小溪蹲在自己领养的向日葵旁，轻轻地跟向日葵说:“我会好好照顾你的,你一定能开出漂亮的花!”白白在自己领养的向日葵旁停留了好长一段时间,我问她为什么不去玩,她说:“我要陪陪我的向日葵。”

我也陷入了深深的感动之中,孩子们领养了一株属于自己的向日葵,随着这一领养关系的建立,我看到每一个孩子心中都有了一株独一无二的向日葵。当看到蹲在向日葵旁久久不愿离开的孩子,我被感动了,也禁不住去寻找一株属于自己的向日葵。我突然意识到每一个孩子都是我心中独一无二的向日葵。

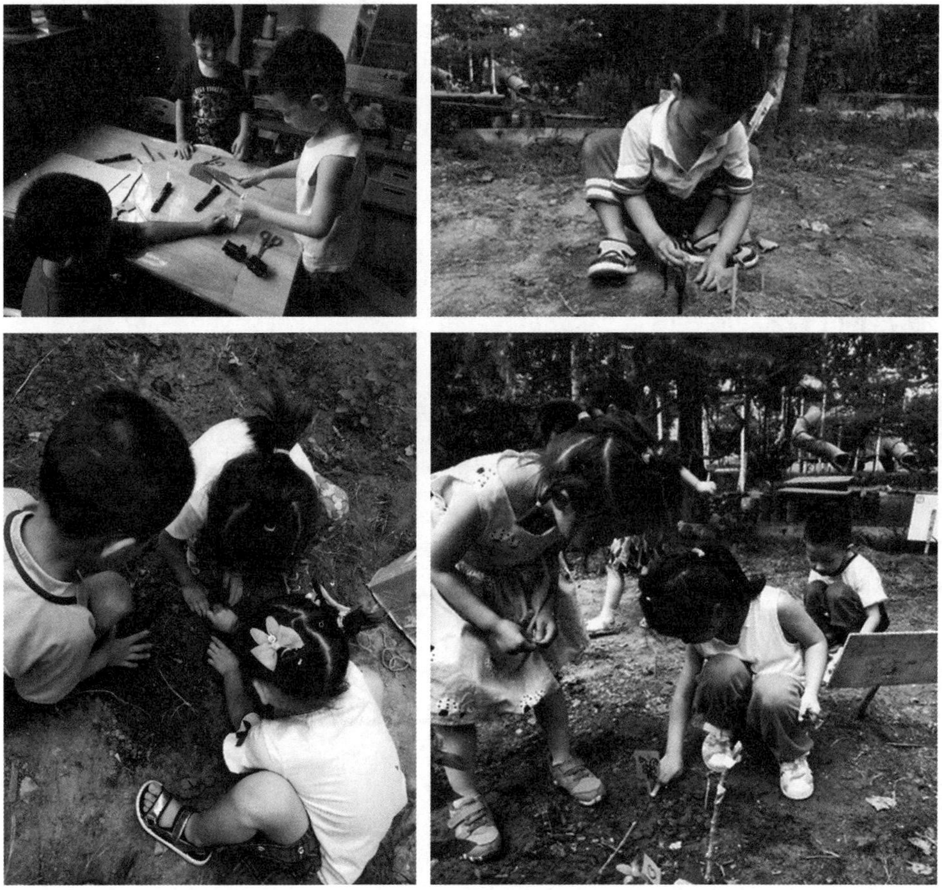

图 19　领养向日葵

像植物学家一样观察与记录

当向日葵子叶中间开始长出新叶时，我准备引导孩子们利用记录本进行持续的观察、记录。我也发现，孩子们在前期的观察、记录中经常会加入自己的主观判断。为了支持孩子基于观察进行有针对性记录的意识和能力，我与孩子们分享了“如何像植物学家一样观察与记录”这一话题。在活动中，我首先跟孩子们探讨了植物学家是做什么的；其次，借由一张向日葵图片给孩子们做了观察和记录的示范。通过这次活动，孩子们丰富了客观观察、记录的经验，在接下来的观察、记录中，他们的记录发生了显著的变化：

7 月 3 日

水晶说：“我的向日葵已经长了四片叶子，上面的两片叶子与下面的两片叶子形状不一样。”

畅畅说：“一株向日葵幼苗的子叶有些卷曲。”

信信说：“我的向日葵有六片叶子了。”

图 20　7 月 3 日孩子们的观察记录

7 月 9 日

安宁说：“我观察到我的向日葵有六片叶子，上面两片叶子大，中间两片和下面两片小。”

晗晗说：“我的向日葵长了三片叶子，一片被虫子咬了一个洞；旁边一棵苗被太阳晒枯了。”

继儒说:“上次是八片叶子,这次也是八片叶子,只是又变大了一些。”

图 21　7 月 9 日孩子们的观察记录

7 月 11 日

明明说:“叶子没尖了,还是三片叶子,没尖了,真搞不懂。”

格格说:“有八片叶子了,上次也是八片,只是这次又变大了一些。”

睿睿说:“一片叶子长,一片叶子短,两片大叶子,两片小叶子。”

图 22　7 月 11 日孩子们的观察记录

7 月 16 日

琪琪说:“我观察到我的向日葵长了四片叶子,上次三片,没有其他变化。”

格格说:“向日葵旁边有一株小苗长高了,和我画的一样高;我的向日葵现在有四片叶子了。”

信信说:“大叶子有洞,中间的叶子歪了,上面又长了两片新叶子。”

图 23　7 月 16 日孩子们的观察记录

7 月 21 日

翔翔说:“向日葵长了好多毛毛。有十六片叶子了,最早长的两片叶子(子叶)掉了一片。”

皓皓说:“已经有十四片叶子了,刚好到我的膝盖这里,下面最早的叶子(子叶)有些枯萎。”

昕昕说:“我发现向日葵长了 10 片叶子,中间小的叶子会继续生长。”

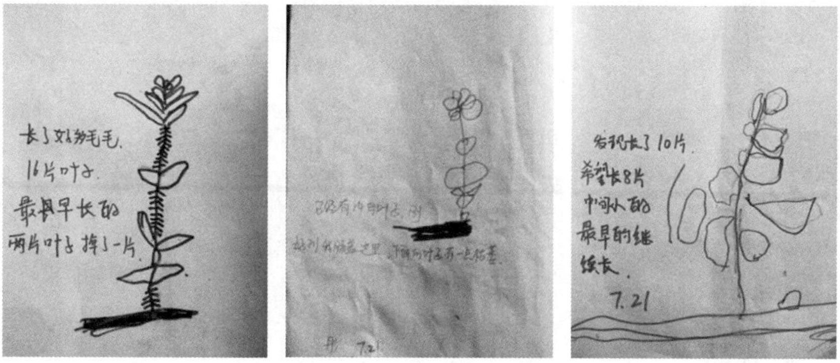

图 24　7 月 21 日孩子们的观察记录

8 月 30 日

格格说:“叶子有褶,也有洞,还有小虫子粪便,花瓣上有很多小条条。”

凝凝说:“有了十六片叶子,叶子上有毛毛,叶子长长的,花里面有小瓜子，花瓣长长的。”

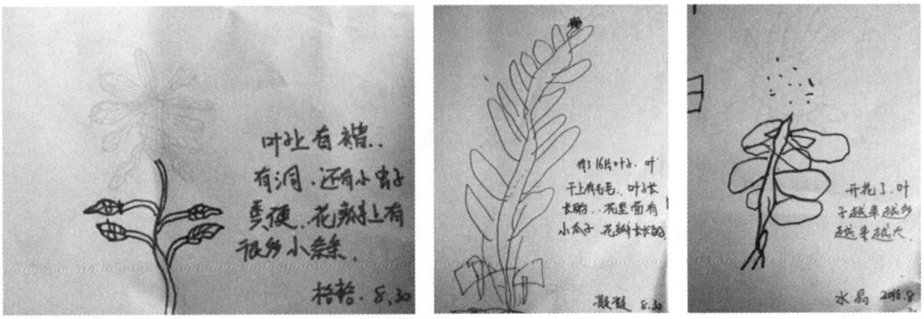

图 25　8 月 30 日孩子们的观察记录

在整个观察过程中，孩子们就向日葵某一特定部位的变化也进行了持续的观察、记录。例如：最早的两片叶子（子叶）的生长变化；雨水会不会把花粉淋掉……随着孩子们观察能力的不断提升，我惊喜地发现，他们已经能够像植物学家那样观察、记录了。

图 26　孩子们在观察、记录

管理、照顾有新招

孩子们对向日葵的管理照顾，是贯穿始终的。为了丰富孩子的经验，我们进一步引导孩子在以下几个方面做了相关操作。

1. 漏斗协助取水、浇水

根据班级孩子们的浇水经验，在给向日葵浇水时，我发现了他们在小溪里取水时很难将浇水工具——旧洗衣液桶灌满。当我提出让水桶灌得满一些时，他们进行了讨论，并尝试探索操作，最后想到了漏斗。随后，他们自制了漏斗并多次进行取水、浇水。

图 27　利用漏斗协助取水

2. 施有机肥

结合孩子前期施肥的经验，我们在这次种植向日葵的过程中，请孩子们一起将发酵后的芝麻酱和制作环保酵素的残渣分两次给向日葵施肥，这些都是有机的肥料，和我们的有机种植相契合。

图 28　孩子们进行施肥

3. 暑假期间的小小义工

放暑假前，孩子们也一直惦记着自己的向日葵。于是，我们进行了讨论,成立了假期照顾向日葵的小小义工队。在假期里,孩子们或拨打电话请值班教师协助照顾,或亲自来园照顾向日葵。这一行动既体现了孩子们对于向日葵的重视,又对孩子们的责任心的培养起着积极的促进作用。

8 月 19 日,秋晨、小溪、继儒在家长的支持下来园照顾向日葵,发现向日葵歪倒了,就借助绳子和树枝,把向日葵一棵棵竖起来。

图 29　暑假照顾向日葵

在活动推进的过程中,我感受到,只要我们对活动有充分的思考,对活动开展中遇到的问题和挑战有很强的敏感度,并能站在孩子们发展的角度思考问题,就能引发他们积极讨论、思考,从而生成有价值的操作,助推孩子们的发展。

“秘密花园”里的不速之客

花开后,向日葵开启了“招蜂引蝶”的生命历程。接连几天的观察中,孩子们都发现有蜜蜂来回飞舞。孩子们好奇地观察着它们采集花蜜、花粉,还交流他们对蜜蜂的一些认知经验。

孩子们对蜜蜂的采蜜行为和向日葵的生长之间的关系有没有认知经验呢?当下不正是探讨这个话题的大好时机吗?孩子们当下的认知、理解能力也为这个问题的探讨提供了前提条件,于是我们展开了关于“蜜蜂采蜜对向日葵有益还是有害”话题的讨论。

“蜜蜂采蜜,对向日葵有好处还是有害处?”我向孩子们提问。

“有害处,小蜜蜂采走了花蜜、花粉,向日葵就没有了。”

“有好处,小蜜蜂采走花蜜,会喂给它的小宝宝,这样向日葵也会高兴。”

“有好处,小蜜蜂可以给向日葵传粉,在一本书上妈妈讲给我听的。”

孩子们对于利用网络资源查找答案的经验已经很丰富了。借助网络,孩子们获得了相关信息,并用绘画表征下来,分享给其他小朋友。

9 月 18 日,孩子们观察到向日葵花盘上有一些细碎的东西被一些细线黏在一起。有孩子试探着用手搓了几下,竟发现了虫子。这又是一个去拓宽孩子对动植物之间关系认知经验的机会。

我问:“虫子爬到向日葵上做什么呢?”

皓皓说:“虫子和蜜蜂是好朋友,它帮蜜蜂运送花蜜呢。”

大正说:“虫子在向日葵上安家,准备过冬了。”

安宁说:“它应该是在向日葵上吃瓜子。”

当孩子们拨开花盘,观察到破损的向日葵种子时,肯定地说:“原来它们是在吃瓜子。”

孩子们在对向日葵的观察中发现了蜜蜂和虫子,并通过细致观察,查找资料,掌握了它们的行为对向日葵生长产生的影响,丰富了对动植物之间关系的认知经验。

图 30　发现蜜蜂和虫子

向日葵真的向着太阳转吗?

暑假回来,正值向日葵开花季,孩子们每天都会来观察向日葵。一日,继儒说:"向日葵是向着太阳转的。"我及时把这个话题抛给孩子们,并引导他们进行了持续一周的实地观察、验证。

水晶说:"我的向日葵不是朝向太阳的。"她观察了一下太阳,又看了看自己的向日葵说。

睿睿说:"这个向日葵也不朝向太阳,它的头低着呢。"

信信说:"这个向日葵朝向太阳。"

孩子们发现种植区大多数的向日葵不是朝向太阳的。这是为什么呢?

睿睿说:"你看,我们的向日葵在大树下面,大树挡住了太阳,所以阳光照不过来,向日葵就不能向着太阳转了。"

信信补充道:"就是这个原因,要是把大树砍了,向日葵就会向着太阳转了。"

虽然孩子们的结论不一,而且也未必科学,但是,他们能够基于对环境的观察、分析做出大胆的判断,说明孩子们已经具备了生态的意识,而这恰恰是大自然这位老师"教授"给他们的。

最美开花季

向日葵不断开放,孩子们每天都会欣赏向日葵。或轻轻触摸一下花瓣,或闭上眼睛深深地去闻花香,还有孩子会对着金黄的向日葵观察好长时间。孩子们直接、充分的感知、欣赏的同时,我们也陆续给孩子们提供了水粉、泥工、卡纸等材料,鼓励他们大胆表征。孩子们制作出的向日葵泥塑和纸工作品富有童趣,视角独特。他们大胆挥洒着毛笔,在纸上呈现出了具有很强感染力和生命力的向日葵作品。我想,孩子们之所以这样投入,跟他们绘画的是自己亲手种植的向日葵是分不开的。

图 31　利用不同材料进行表征

幸福采收时

图 32　采收向日葵籽

9 月 21 日,孩子们采收了向日葵籽,并把向日葵籽存放在一个小玻璃瓶中,要求到明年再种下这些种子。

尾声

1. 购买向日葵

一个完整的种植历程结束了。一天,昕昕有些失落地说:“我们的向日葵都落了。”继儒说:“是呀！ 向日葵开花时可漂亮了,可现在却一点也不漂亮了。”信信说:“我们可以把收获的种子再种下去呀!”继儒提高嗓门说:“妈妈说,那也需要等到明年春天才可以再种。”听了孩子们的谈话,我感受到孩子们对于盛开的向日葵是很怀念的。为了满足孩子们对向日葵的关注和互动愿望,我和孩子们在学校附近的一家花店购买了几株向日葵,并插到花瓶中。孩子们围着买来的向日葵用心地欣赏着,并不断发出对它们的赞美。

图 33　购买向日葵

2. 探讨对向日葵的感受

我也跟孩子们借由“花语”讨论了对向日葵的感受、理解。彤彤说:“我感觉向日葵很坚强,因为它不怕雨淋。”皓皓说:“向日葵很友好,因为它让小蜜蜂采花蜜。”果果说:“向日葵很美丽,你看它黄黄的花瓣,多么漂亮!”……

3. 我们的向日葵成长记录

在向日葵的整个生长过程中,孩子们多次对向日葵进行观察记录,现在每个孩子都有了一本属于自己的“向日葵成长记录”册。

教师的感悟

作为教师,我在这个过程中也怀着向自然学习的心态,通过持续观察向日葵的生长变化,发现了很多以前未曾关注的现象。基于这些现象,我对向日葵的变化有了更高的敏感度,并能够较好地从孩子们的相关行为中识别出他们面临的问题和挑战,站在孩子发展的视角去积极提供相关的支持,丰富孩子们的相关经验。

《向日葵的故事》也一定会在接下来的日子里续写和演绎。我和孩子们一起期待!

专家点评

幼儿园里种向日葵了,种得一波三折!但是就因为有了这些波折,才造就了这个活动的价值,成就了幼儿的学习。

种植活动的魅力之一就在于它的不确定性,就在于它是教师和幼儿一齐经历的一场未知之旅。在这趟旅程中,德州跃华学校幼儿园的小朋友们不断遭遇着麻烦和困难,遭遇着“真”的问题。张雪门先生曾经说过,从行动中所发生的困难,才是真实的问题;从行动中所获得的胜利,才是真实的制驭环境的能力。通过故事,我们看到,无论是幼儿找不到种下的向日葵种子,无法确定向日葵的苗芽,还是对熟种子发芽可能性的猜测、实验……都是幼儿在种植行动中产生的实际问题,这些问题促成了幼儿“真”的在对向日葵本身以及它的生长影响因素进行研究,引发了真正的、有意义的学习,促成了幼儿在观察、对比、分析、动手操作等方面的发展。

教师不但珍视,而且非常恰当地利用了这些“真”问题促进幼儿有益经验的建构。每次遇到问题,教师都没有以直接告知的方式将答案“传递”给幼儿,而是引导幼儿进行实验尝试、自我反思、错误纠正等,鼓励幼儿即便失败也不要气馁。值得强调的是,活动中教师考虑到了让幼儿像植物学家一样开展研究,几个环节都是幼儿提出猜想,进行实验或者是操作,进而将这个实验结果、操作结果与自己的猜想进行对照,得出结论。这种“科学研究”式的探究方法,对幼儿科学精神、理性思维和素养的培养大有裨益。

本活动可在幼儿表征方面进行拓展,建议在美术表征向日葵形态的变化之外,引导幼儿将种植活动中的趣事通过手工制作、建构、故事讲述、表演、儿歌创编等其他方式表达和表现出来。

（常熟理工学院　张　斌）

山坡上的“巨无霸”

江苏省句容市后白镇二圣中心幼儿园　阴玉婷　张贤青

持续时间:2018 年 3 月至 2018 年 6 月

年龄段:中班

山坡上来了一棵“巨无霸”

这天下午,我们班小朋友正在靠近幼儿园门口的骑行区进行游戏,园长走过来神秘地说:“告诉你们一个好消息,待会儿有一位奇怪的客人要来,它要走环道,到时候请你们让一让好吗?”孩子们答应了,但追着园长问是什么客人,园长笑而不语。不一会儿,一辆卡车开进幼儿园,小朋友看见了立刻欢呼起来,纷纷问:“这是我们的客人吗?哇,好大的树,它是什么树?把它栽在哪儿呢?”园长说:“这就是我们的客人,今天它在我们幼儿园安家,不过它要躺在我们幼儿园,你们觉得它躺在哪里合适呢?”顿时孩子们在幼儿园跑开了,他们到处寻找适合大树安家的地方,最后一致认为开阔的草地最合适。他们追随着卡车来到草地上的山坡观望,我问他们:“你们看,怎么把这棵大树放在草地上呢?”悦悦说:“把小朋友喊来一起帮忙搬。”宇飞说:“邀请门卫爷爷一起来搬,搬不动的话就请爸爸们一起来帮忙。”正当大家热烈讨论的时候,小宇悠悠地说:“这么大的树,要用吊机的

图 1　吊运大枯树

吧。”过了一会儿，果真来了一辆大吊机，于是孩子们就在山坡上兴奋地观察吊机把大树搬运到草地上。

“巨无霸”该如何使用

“巨无霸”的到来激发了孩子的兴趣，接下来就需要我们和孩子一起发现并分享新奇、有趣的现象，一起寻找问题的答案。在孩子们好奇地观察这棵大树时，教师也开始思考，这棵大树能给孩子们带来哪些方面的经验探索呢？围绕枯树资源，通过观察孩子、与孩子进行谈话，我们前期审议了“巨无霸”资源的利用价值。

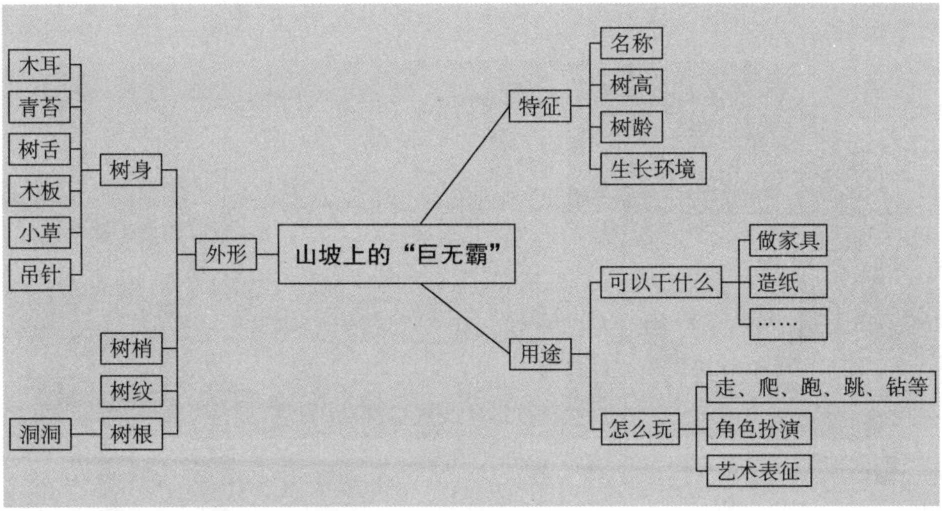

图 2　幼儿经验审议预设图

幼儿都有自己的经验，并在已有经验的基础上进行主动、积极的学习。因此，我们在开展活动前，都会进行问卷调查，了解幼儿已有的生活经验，然后充分利用幼儿的已有经验，使开发的课程资源更有助于幼儿学习积极性和主动性的发挥。孩子对“巨无霸”有哪些经验呢？前期我们做了小调查，调查后反馈的信息是：有的孩子对大树本身感兴趣，有的孩子对和大树玩一玩感兴趣,还有的孩子对大树的根产生了好奇。我们又根据这些兴趣点发放了专项调查表。

大树身上有什么?

大树安家落户后,围绕大树的议题就展开了。班上几个男孩子说:“这棵大树太威风了,是我们幼儿园最大的树,就像《变形金刚》中的巨无霸一样。”于是大家都称这棵树为“巨无霸”。孩子们时不时去看看,摸摸,他们在大树身上发现了许多秘密,有针头、木耳、小草、白白的蛋型小壳…… 为什么会有这些东西呢?孩子们通过讨论、问家长、问对植物知识了解较多的老师,知道了大树上像“河蚌壳”一样白色的东西叫树舌,和木耳一样是一种菌

图 3 观察大树

类;知道大树生病了和小朋友生病一样需要“挂水”……泷泷小朋友把地上的白白的蛋型空壳捡起来悄悄地放在了自己的口袋里,带回家和爸爸一起“研究”,爸爸和他一起上网搜索资料,知道这种昆虫叫洋辣子(方言),学名是刺蛾,这就是刺蛾的壳。还有的小朋友也带来了一些答案:这棵大树身上还有木耳、青苔、树舌、木灵芝……“巨无霸”可真神奇!

图 4　观察大树记录

为什么不栽在土里?

过了一个星期,言言小朋友疑惑地问:“老师,这棵树怎么还不种在土里呀?”我把言言的问题交给大家解答。有的说:“那天的吊机太小了,要大吊机才能种下去。”有的说:“没有找到合适的地方栽。”有的说:“要挖很大的坑才能栽。”……而毛毛说:“你傻呀,这棵树已经死了。”对于这个答案,大多数孩子都不同意,于是大家又一起来到大树旁,将它和才栽种的树比较了一下:“巨无霸”没有叶子,没有为保温而缠绕在树干上的绳索,树根没有泥土……最后遗憾地确认这棵“巨无霸”是棵死了的大枯树。虽然遗憾,但孩子们在观察比较中懂得了植物具有的典型的生命特征。过了几日,园林工人再次来幼儿园保养树木,我觉得大树身上一些还没有解答的问题可以请他解答一下。我的提议得到了孩子们的支持，他们邀请园林叔叔一起观察大树，围着叔叔问个不停。通过与叔叔的交流，孩子们知道了这棵树叫朴树，大约有100岁了；移栽运输时为了防止树皮被破坏，就用木板钉上，这样吊机吊运时可以捆在木板上；移栽后它生病了，上面的针头和洞洞就是挂水时留下的痕迹；移栽后，由于管理不当，大树缺水而死了……

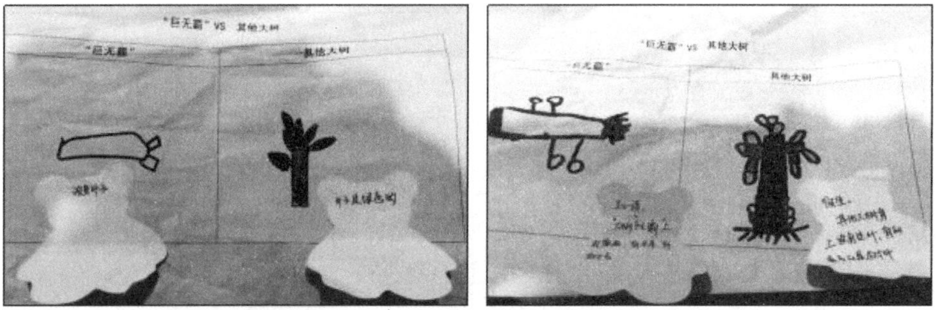

图5 “巨无霸”vs 其他大树

大树曾经是谁的家?

佳佳说：“这棵大树就这样死掉了，该有多少小动物没有家了啊！”随后，她把观察到的大树画了出来，并根据画面创编了故事《小动物的家》，在集体面前讲述。她的行为得到了更多孩子们的响应，他们把故事绘画、创编并装订成小书放在图书吧里。孩子们没事的时候都会去看看自己做的这本小书并讲述其中的故事，享受自己创编的乐趣。

图6 大树曾经是谁的家?

凝凝还把在“巧手坊”里做的小蜗牛送到了大树旁，给小蜗牛找到一个快乐、舒适的家。有的小朋友还在猜测大树根会是谁的家，适不适合小动物和植物们居住……

和大树玩一玩

在观察大树的时候，孩子们按捺不住爬上大树，起初有的孩子尝试在大树身上走，刚走了一小段就不敢走了（树身离地面有一定的高度），改为用跪爬的方式“走”完大树全身；有的从大树的身下钻过去；有的从大树梢处跳下来……一段时间后，他们又找来材料柜里的梯子、绳索、轮胎爬上大树探索，有的幼儿还在大树身上小跑前进……

图7　和大树玩一玩

结构复杂、盘根错节的树根不仅是孩子们的观察对象，也被孩子们开发成了冒险游戏的场所，他们借助梯子、绳索去挑战大树的最高处。飞飞借助参差不齐的树根，徒手向上爬，起初爬到一半处就掉了下来，经过几次尝试后，最终成功。在他爬的时候我的心是拎着的，但也没有制止他冒险游戏。在游戏分享环节，我把飞飞攀爬树根的视频与大家分享，大家对这种冒险游戏很感兴趣，也想尝试，于是我与孩子们一起商量攀爬时的注意事项，大家也意识到攀爬时需要安全保护装备,于是我们列出装备清单:头盔、护肘、护膝、软垫……并到资源库中去寻找一些设备,为下次的安全游戏做好准备。

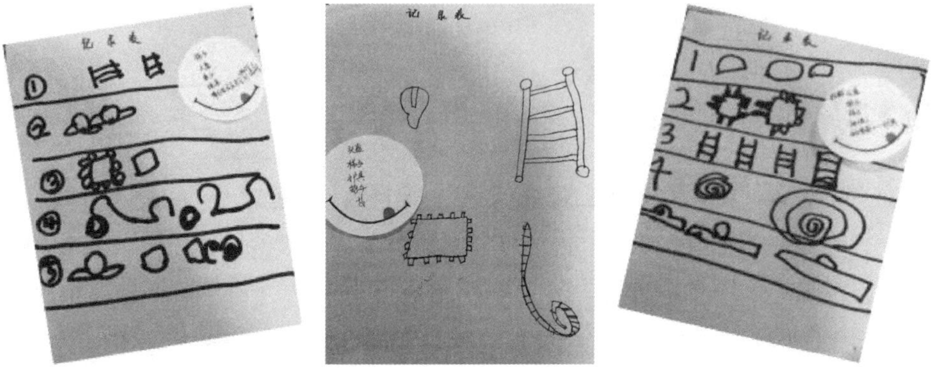

图8　装备、护具等

渐渐地,孩子们开始不满足于在大树上走、爬、跑、跳、钻了。一天,表演区的孩子穿上超人衣服在大树上扮演超人进行游戏,之后,孩子们开始讨论在大树上还可以怎么玩。于是“打仗”“小羊过桥”“小熊过桥”“智过洋桥(地方抗战故事)”等游戏在大树上不断上演,表演区材料柜上的材料也不断被搬过来,满足孩子进行不同游戏的需求。

图9　角色扮演

这天,几个小姑娘又躲在大树下扮家家,佳怡说:“你们看,树的舌头(树舌)呢?”其他幼儿也加入寻找行列,他们发现刺蛾壳、木耳、吊针等都不见了,一些暴露在外的树舌也被破坏了,为什么会这样呢?以后还会长出来吗？大家议论开了，可能是小朋友攀爬时不注意弄掉了，也可能是被别的小朋友采走了，以后不会再有这样的东西了。大家情绪很低落，为了保护剩下的树舌等，孩子们建议做个提示牌，提醒全园的小朋友们一起保护大树身上的资源。

大树有多大？

这棵大树叫“巨无霸”，那它究竟有多大呢？几个孩子提议，我们来看看大树有多长、多粗吧。可怎么量、用什么量成了问题。中班幼儿能对事物或现象进行观察比较，发现其相同与不同；能通过简单的调查收集信息；能用图画或其他符号进行记录。他们很自然地就想到利用身体部位或身边的东西来测量，几个小朋友一个接着一个手拉手靠着大树，看看需要多少个小朋友连起来才有大树那么长。四五个小朋友连起来不够长，他们忙喊同伴加入测量队伍。呼喊声把大家都吸引来了，队伍逐渐加长，还有小朋友在树的另一侧也手拉手进行测量。大家站好后就进行统计，第一小组站了 11 人，而第二小组站了 12 人。咦，两组的人数怎么不一样呢？梓澄离开队伍看了一下说：“佳佳的胳膊没伸直，又短，没有我的长。”大家又伸直手臂，但总是多一个人嫌多，缺一个人又嫌少。孩子们还不会处理不是整数的情况，他们一致认为结果不准确，于是又有了第二次测量。

孩子们有在自然角观察植物测量的经验，知道不管用什么工具，都要沿着物体的一条线，从起点到终点进行测量，而且一定要在连接处接下去，才能把物体的长度测量出来。于是他们找来更多不同材料的测量工具，竹竿、木块、小木梯、泡沫垫子……量完后又进行了统计：长条木块 13 块，泡沫垫子 17 块，小木梯 6—7 个（不是整数）……大家对统计结果提出了异议：怎么每次量的结果都不一样呢？大家经过观察、比较，发现“用不同的工具测量同样的东西，每次量出的结果都不一样”，总结出要统一测量工具才能得出相同的测量结果。

图 10 用不同工具测量

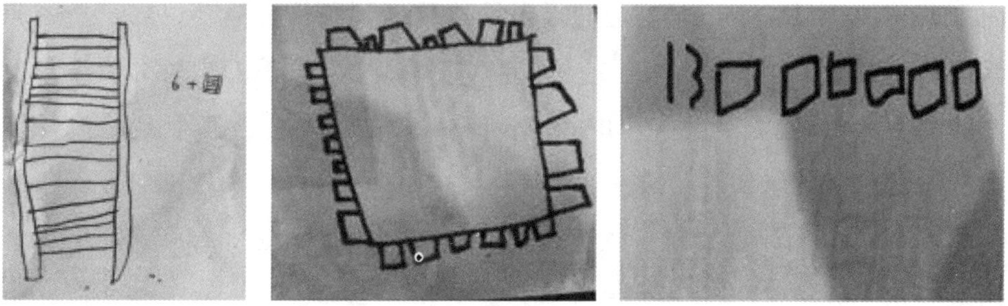

图 11 测量结果

凝凝就近在木工房里找来了麻绳，她跟另一个小朋友一人拿一头，量的时候拉直，这段麻绳就是她们量的长度。其他小朋友也很感兴趣，也拿了根绳子量了大树的粗（宽度），在量宽度的时候他们发现大树身体的宽度是不一样的，树梢细一些，接近树根就会粗一些。虽然使用工具没有问题，但当孩子们通过实际探索达到目的之后，对大树到底有多长还是没有概念，于是请老师协助进行测量（第四次测量）。孩子们认为用大家常用、测量数值更加精确的测量工具——“卷皮尺”测量最科学。有了前几次的经验后，这次他们量的时候把尺贴近树身，最后量出大树有 10.2 米长，上围（细的地方）是1.3 米，下围（粗的地方）是 2.55 米。这一次的测量，得出了科学的数据，但大家对数据的概念模糊，于是我提议大家找参照物。他们开始找 10.2 米和什么一样高，找遍了幼儿园的每个角落，最后找到了我们幼儿园的教学楼。在得知教学楼的高度后，孩子们惊讶地说：“哇，真的有三层楼这么高呢。”接着小朋友通过圈抱的方式来感受大树有多粗，他们发现两人互相抓住手肘处的圆弧差不多就是树梢的宽度，两人手指尖相碰围成的圈差不多就是树根处的宽度……

图 12　体验 10.2 米有多高，1.3 米有多粗

和大树在一起的快乐时光

孩子们对这棵“巨无霸”特别有兴趣，在户外游戏为大树写生时，每个小朋友的观察点和想法都不同，他们有的画的是大树的根；有的画的是树枝；还有的画的是大树上的纹路。在区域游戏时，轩轩用彩泥捏了大树的形状，梦雅和诗雨合作创作大树枝繁叶茂时的样子，许多小朋友用彩泥捏出各种动植物，再现大树曾是谁的家……在平时的活动中，他们还唱起了关于大树的歌《大树妈妈》，说起了大树的故事《小树叶》《大树和小鸟的故事》，自编故事《一棵老枯树》…… 孩子们对大树的兴趣意犹未尽。《3—6 岁儿童学习与发展指南》艺术领域中指出，和幼儿一起发现美的事物，感受和欣赏美，并尊重幼儿的兴趣和独特感受，理解他们欣赏时的行为。每个孩

子对“巨无霸”都有自己的想法,他们在和同伴交流自己想法的同时也会接纳同伴的想法。

图 13　表征大树

新的发现

周一早晨,我们来到了晨锻场地,刚到山坡草坪,孩子们的“哇”时刻来了:“哇,‘巨无霸’上长满了小蘑菇,变成了蘑菇大树啦!”这些蘑菇是哪儿来的呢？我们回去后立即上网搜索资料,原来周末的时候下了小雨,枯树吸收了水分,得到了营养,这些小蘑菇才会生长……有的小朋友觉得不过瘾,第二天早晨一来园便和小伙伴讨论:“是地上太潮湿了,蘑菇才会长出来的”“虽然大树死掉了,但它的身体很有营养,所以才会有蘑菇”。部分孩子还把这些发现记录在“心情日记”里……不仅如此,他们还对大树身上的蘑菇及其他的菌类产生了浓厚的兴趣,于是关于菌类的故事接着开始了……

图 14　发现蘑菇，记录在“心情日记”里

图 15　平菇的故事

教师的感悟

1. 幼儿获得的知识经验

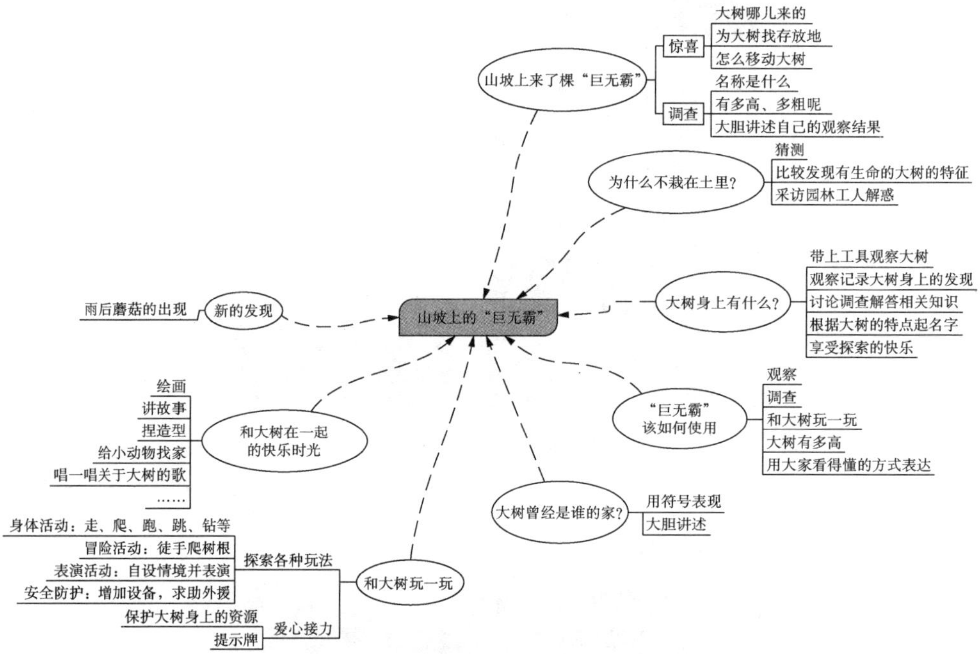

图 16　幼儿获得的经验

2. 资源有效利用

课程资源是幼儿园课程的重要载体和实现条件,没有资源就没有真正的活动,只有丰富适宜的资源才能带来综合、有效的学习。资源没有那么神秘,触目所及皆是资源,每一项资源被开发后都可以成为一个好的课程。大枯树是园长到园林买树时偶然发现的,放在园林中是被弃用的,运回幼儿园后得到了教师和幼儿的开发利用,不仅使幼儿获得了多方面的经验,也使教师不断审视自己的支持策略,完善了课程,使得枯树焕发"新颜"。在整个活动中,我们用到了自然资源、社区资源、教师资源、专家资源、网络信息资源等,正是这些资源的整合,促进了资源的有效利用。

3. 幼儿经验的不断改造

杜威提出“教育即经验的不断改造”。幼儿都有自己的经验世界，他们在自己经验基础上进行主动、积极的学习，教师要观察、了解幼儿的已有经验，在此基础上开展系列活动扩展幼儿的经验。在测量活动中，幼儿有在自然角、种植园测量植物的经验，知道运用首尾相连的“等长复制”进行测量的方法，这里的测量将既有的知识与新的学习经验链接起来了，但他们只关注测量工具的多样性，怎样获得测量结果并理解数的概念呢？这就需要教师一步步引导，帮幼儿建立测量的概念，正是由于教师提供机会和工具让幼儿经历“非标准工具”“等长复制”“叠合”“间接比较”等过程，幼儿才能深刻感知测量的意义。

4. 教育是遗憾的艺术

由于资源保护意识不强，导致大树上很多资源被破坏了，当时也没有深入开展紧急补救活动，今后可以多开展一些活动，让幼儿感受到保护不可再生资源的重要性。由于当时的理论、实践能力不足，教师仅仅在幼儿观察、探索、嬉戏时发现一些可以切入的点，但缺乏审议、支撑，一些探索活动就没有深入开展，比如从哪里可以看出大树的年龄？树杈上的年轮能代表这棵树的年龄吗……

一棵枯死的大树上一个个小小的蘑菇、一条条错综复杂的树根、一圈圈凸显年龄的年轮……幼儿的兴趣无所不在，而我们的故事也会越来越精彩！

图 17　年轮

专家点评

这个故事,讲的是突然有一天一棵大树来到了幼儿园,它是如此的巨大,让孩子们感到很惊奇也很惊喜。从故事的叙述来看,故事有一个基本的思考框架,一系列的活动基本上是按照这个思考框架来展开的。孩子在这个大树上探究,他们用不同的工具去测量,用不同高度的梯子选择大树适宜高度的地方攀登,也可以在树根上徒手攀登,大树更是练习平衡的好地方。雨过天晴,大树长出很多的蘑菇,小朋友拎着小篮采蘑菇,太有童话色彩了。用放大镜看看,大树上还有小木耳、青苔等植物。幼儿在这些丰富多彩的活动中,展开探索、尝试、猜想、验证。获得了多方面的经验,实现着《3—6岁儿童学习与发展指南》(以下简称《指南》)的目标。

所以我觉得幼儿园园长和教师的资源意识是很清醒的。当她们看到大树的时候,自己成了孩子,站在儿童的角度去思量儿童的兴趣和需要,预想着儿童产生各种活动的可能。当孩子们被大树牢牢吸引住的时候,儿童的天性就得到充分的展露,儿童创造出多种玩法,得到多样化的体验,从而获得多样化的经验。这一切都是不可预设的,儿童还会不断创造出更多的玩法,他们会不断充实测量、计数、平衡、钻爬、估测、观察等各种能力。

大树可以不断生成新的学习。从教师们为儿童准备的长尺、高低不同的梯子等材料看,教师们是有目标意识的,她们知道如何为儿童提供学习的支撑,如何引发儿童深入的活动。教师熟知《指南》是不断给儿童提供支持的关键。大树是基本的资源,如果缺乏不同层次的支持,难以让儿童面临挑战,难以让儿童获得新经验。因此,教师的目标意识非常重要。

一棵大树不只是给儿童带来了惊喜,也带来了无穷的乐趣,更是充实了儿童的生活,让儿童把大树作为一日生活中不可或缺的对象。因此,要站在儿童的视角看待这个世界,用儿童的眼光去发现课程资源。不断丰富儿童的环境,就是充实儿童的生活。儿童的生活环境就应该惊喜不断、精彩不断、活动不断、探索和发现不断,从而使儿童不断获得新的经验。资源的开发和利用是无止境的,有了一棵大树,就可能会有一堆稻草,一个泥池,一丛芦苇,一条木船……它们都将带来无数的活动和经验。幼儿园教师应以专业的眼光去审视现实环境和儿童活动的现实,真正从儿童发展的高度去认识环境和资源问题,不断为儿童的发展提供强有力的支持。

(南京师范大学　虞永平)

一封信引发的“停车场”

浙江省宁波市海曙区石碶街道阳光丽园幼儿园　庄卢波　施卓筠　陈　宁

持续时间:2017 年 9 月至 2018 年 6 月

年龄段:中班

缘起

● 镜头一

“我有一辆滑板车,滑起来速度可快了!”

“明天我要开着电动摩托车来上学!”

“那我们来比一比,谁的车子速度快吧!”

接连几天,孩子们都把自己得意的“座驾”带到了幼儿园,但是因为早晨有的孩子来得早,有的孩子入园晚,他们总是不能很好地达成自己的心愿。

● 镜头二

过了几天,家长们开始有声音了。

奶奶说:“每天还要把这么重的车拎回去,好累啊!”

爸爸说:“我赶着去上班,没时间把车带回家。”

妈妈说:“路上车多,骑车过马路太危险。”

面对这种情况,孩子们说:“老师都有停车的地方,要是我们也有停车的地方就好了!”

● 镜头三

孩子们的聊天引起了蒋老师的关注,于是她组织孩子进行了一场谈话活动,请孩子们把自己的想法画下来,把自己的心愿记录下来,表达出来。

喜欢车是孩子们的天性，幼儿园门口有个车享家，幼儿园里有个教师停车场，孩子们天天行走在车的周围，自然地与车产生了互动。随着运动能力和思维能力的增强，他们更是对车产生了浓厚的兴趣，每天都有说不完的话题。当然他们更关注自己的车，孩子们说："要是幼儿园里可以停车，我们就可以骑车比赛了。""为什么老师们可以停车，我们不能停车呢？""我们去跟园长妈妈商量一下，能不能让我们也在阳光大道上停车呀？"

信从孩子来——儿童兴趣聚车子

致园长妈妈的一封信

亲爱的园长妈妈：

您好！

自从有了美丽的阳光大道，我们更喜欢自己的幼儿园了。不过我们还有一个小小的心愿，想在阳光大道上赛车。好羡慕爸爸妈妈能开着自己的车去上班啊！要是我们也能骑车来上学，那可就太幸福了！

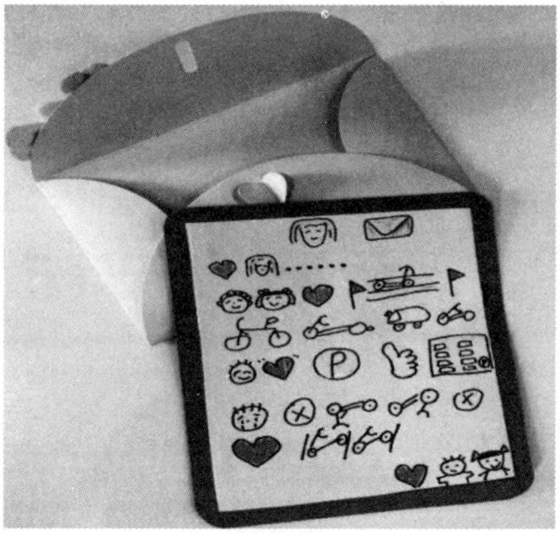
图 1　给园长妈妈的信

园长妈妈，我们真的好想骑车上幼儿园，可是幼儿园没有能停车的地方，所以我们非常需要一个停车场，一个属于我们自己的停车场，希望您看到这封信后能同意我们的请求，谢谢您！

最爱您的中一班小朋友

2017 年 11 月 6 日

信在心中留——儿童兴趣助推者

张雪门先生的行为课程指出，从行为中所得的知识，才是真实的知识；从行动中所发生的困难，才是真实的问题；从行动中所获得的胜利，才是真实的制驭环境的能力。作为教育者要善于发现和支持孩子的成长需求，让孩子实际操作、直接感知、亲身体验，促进他们更好地成长。儿童是幼儿园的主人，幼儿园的环境是为了给他们提供更多的学习机会，充分发挥他们的主体性而创设的。为了顺应孩子的需求，经园部商讨，决定将教师的一个车位改造成幼儿停车场，让有限的幼儿园空间发挥最大的教育价值。

园长妈妈的回复

亲爱的孩子们：

你们好！

很高兴收到你们的来信，你们在信中提到想要一个属于你们的停车场，我觉得这个想法非常好，我同意并且支持你们的想法。不过你们是幼儿园的小主人，这个停车场要请你们自己来设计，设计一个你们自己喜欢的停车场，可以吗？

期待你们的成果哦！

很爱你们的园长妈妈

2017 年 11 月 8 日

信在课程中——设计自己的停车场

收到园长妈妈的回信后，蒋老师把信的内容念给了孩子们听，教室里一下子沸腾了。

“哇，我们有自己的停车场啦！”

“我可以每天骑车来上学了！”

“郑哲彦，我明天就想跟你 PK，看看我的滑板车快，还是你的自行车快。”

孩子们一边欢喜着，一边开始了对停车场的描绘。

1. 说一说停车场（经验交流）

（1）你见过什么样的停车场？

当教师提问“你在生活中见过哪些停车场”时，孩子们争先恐后地想要回答问题。

嘟嘟把手举得高高地说：“我看到过地下停车场。”

“你在哪些地方见过地下停车场呢？”教师又问。

“嗯……广场、游乐场。”嘟嘟思考了一会儿很快回答道。

旁边的几个孩子也迫不及待地说出了其他的答案：“医院、高楼大厦、小区、酒店……”回答的声音此起彼伏。

柄键说：“我看到过一个旋转停车场，车子开上去是斜的。”轩轩马上补充道：“旋转停车场应该是圆形的，车子开在上面会绕圈圈。”其他孩子都被这个奇怪的旋转停车场所吸引，听得格外认真。彦彦神气地说：“我还知道一种高空停车场，上面是停车的，下面是旋转的，2、3、4、5 层的楼不会有，要很高很高的楼才会有这样的停车场。”

阳阳急切地回答道：“我在马路边也看到过停车场，上面有一格一格的数字，有 1 号、2 号、3 号……可以用来停车，格子是连起来的。”

皓轩一直高举着小手，认真地回答：“地下有升上升下的停车场，它像电梯一样，鼓楼就有这样的停车场，它是在地面的，不是在地下的，车停在一块板上，那个板可以上去下来。”

教师听着孩子们对停车场的认识，又问道：“除了有地下停车场，还有……”很多幼儿都说“地上停车场”。“它叫作室外停车场，地下的停车场叫作室内停车场。”教师补充说。

（2）停车场里的学问。

教师出示了各种各样的停车场的图片，幼儿看到图片后都说出了它们的名字，也神气地说自己在生活中看到过这种停车场。

高空停车场

路边停车场

升降停车场

地下停车场

旋转停车场

图 2　各种各样的停车场

教师继续提问:“你们仔细观察一下,停车场是怎样的呢?”有了图片支架,幼儿的回答就更具体了。邦邦说:“停车场里有一些牌子,有箭头的牌子,有出口的牌子。”“是的,这些牌子就是安全提示标志,你知道它们的作用吗?”教师问道。“它们可以给我们指示方向,提示我们。”阿小说:“我看到停车场里有半圆形、黄色的横线,还有黑色的线条,这些线条代表这个地方可以停车。”

小琪琪说:“停车场像滑梯,车开进去的时候,有个小房子,然后车就滑进去了。”教师若有所思地追问道:“猜一猜,这个小房子是做什么的呢?”阿大慢慢地说:“小房子是住警察的。”小琪琪听了马上纠正起来:“不对不对,那个小房子会堵车的,一辆车子开进去以后,再开一辆车进去。”轩轩又纠正起来:“这是管理收费的,是机器管的,外面会有一个筐,后面会显示几块钱,把钱放在筐里就可以了。”

彦彦继续补充说:“我看过更高级的,是刷卡的,你有停车卡,刷的时候‘嘀’的一声,车就可以开走了,开进去和开出来的通道是分开的。”

图 3 电子监控器

教师小结了孩子们的回答:“你们回答的都很对,有没有发现,小房子旁边有个探头,那个叫作电子监控器,就是你们说的机器,它可以知道每辆车停了多久、需要付多少钱。”孩子们听完都惊叹小小的它本领这么大呢!

2. 画一画停车场(灵感创作)

教师问:“你们想设计怎样的停车场呢?”轩轩思考了一会儿说:“装个摄像头,然后再造个小房子,小房子里的监控能看到车在哪里,通过监控就可以找到车了。”“如果车的左边、右边、前面、后面都被其他车堵住,可以用下面的底盘,把车往下送,就像小老鼠的地洞一样,也可以从上面直接吊出来。”阳阳的奇思妙想引来了孩子们的目光,也激发了其他孩子的想法。昊昊说:“我设计的停车场里有一个自动器,它可以帮助我们自动停车,这样我们就不用自己去停车了。”“哇!你们的想法可真神奇!”教师为孩子们的神奇想法点赞。

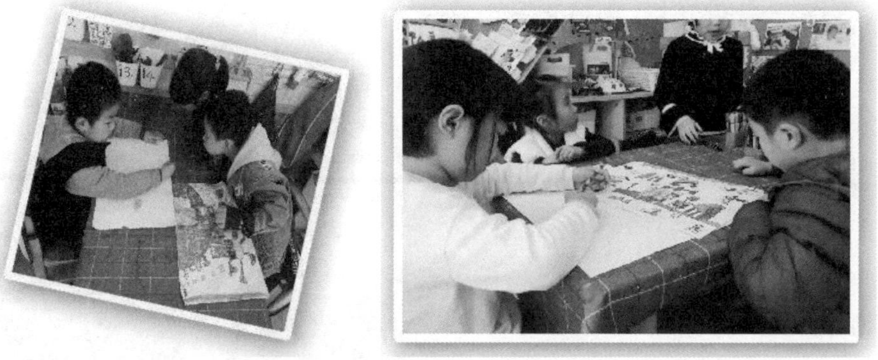

图 4　合作绘制停车场

经验交流之后孩子们就要大显身手了。“你能猜到我画的是什么样的停车场吗？让我来告诉你我的设计理念吧。”“如果去海边，小车可以停在船里面；可以停在和汽车颜色匹配的停车位；可以直接开到楼层的停车场；可以停进会旋转的停车场。”孩子们还小组合作，有的孩子把停车场设计成了城堡型，有的设计成了庭院型，有的设计成了赛车道……

图 5　幼儿作品

3. 搭一搭停车场(创意无限)

班级里孩子们激烈地讨论着选择哪张停车场设计图来进行搭建,经过一番讨论之后,最后能力较强的彦彦小手一挥,大声说道:“就这张吧,我们可以造一个多功能型停车场,停车场里可以有收费站、旋转停车位和升降停车位,这样就可以停很多车了。”孩子们兴奋地开始着手搭建停车场了。昊昊拿过设计图看了看说:“如果我们要搭大一点的停车场就需要大一点的位置,不如我们在地上搭吧,地上的位置大。”“好的,好的,就在地上搭。”大家都开始行动起来。

图6 架空搭建

哲哲激动地说:“我喜欢旋转停车位,我来搭这个吧!”说着他立马行动起来,先拿了两块半圆形的积木围拢在一起,然后用叠高的方式把木头积木放上去,再搭一层半圆形叠高。“旋转停车位搭好了,但是怎样才能把车开上去呢?”翰翰看着旋转停车位挠了挠头。阿大开心地说:“我来!我们在上面放三块通往那一层的电梯不就行了!”彦彦点了点头:“阿大说得对,这叫架空搭建。”

这时,一边的腾腾正在搭建升降停车位,边搭边给好朋友嘟嘟解说:“看,这块蓝色的板是停车位上的升降板,停车的时候,按一下这个绿色按钮,下面的板就升上来了,我用的可是叠高和架空的组合方式哦。”“哇,腾腾你可真厉害!”腾腾的作品赢得

图7 叠高和架空的组合方式

了周围小伙伴的一致好评。

图 8　围合封闭

就在这时，教师看见阿大紧紧地护着自己搭建的车，不肯放手，便问他：“发生什么事情了吗？”他说：“老师，我的车搭得很好，我怕别人把我的车弄坏。”教师追问：“在小区里不想被别人蹭到车，爸爸妈妈会怎么做呢？”阿大眼睛一转小脑袋马上反应过来：“我知道了，我可以搭建一个车库，把我的车子停进去，这样就不会被蹭到啦，我来搭一个木头积木围成的车库吧。”“这个门是伸缩的，厉害吧！”阿大在搭完车库后骄傲地仰了仰头。“嗯，阿大你可真厉害啊！”小朋友的夸奖让阿大开心极了。

旁边的陌陌在围合了整个停车场后问道：“那平面的停车场，停车分割

图 9　幼儿作品

线可怎么办呢？我们没有线呀?”美茹兴奋地说:“我知道,我知道,看这个塑料片,我们可以用延长的方式把它们拼在一起,就变成了一条分割线啦。”“对的,你们可以这么搭,美茹的想法可真棒!”在得到教师的肯定后,孩子们快速地行动起来,没一会儿就铺好了平面停车线。最后,孩子们看着设计图,你拼一辆自行车,我拼一辆小轿车,热热闹闹的多功能停车场就这样完成了。

4. **真实的停车场(想象与生活的架接)**

想象是美好的,创造是灵动的,那我们每天真实接触的停车场又是怎样的呢？孩子们开始了实地操作,量一量停车场的长度、测一测每个停车位需要多少面积、算一算停车场可以停几辆车。

真实的停车场在孩子们的规划中产生了。

图 10　实地规划

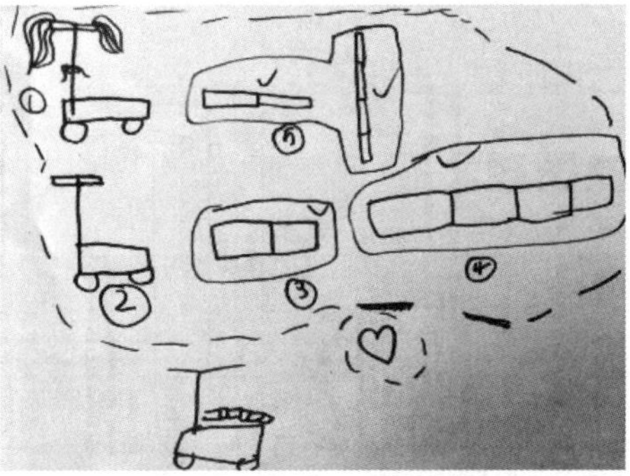

图 11　儿童记录表征

信在生活中——停车场的规则

1. **尊重意愿　满足需求**

清晨的幼儿园静悄悄,只有鸟语和花香,在门卫爷爷还没打开大门的时候,幼儿园大门口已经热闹起来了。原来今天是停车场试停的第一天,幼儿园大门口早早就“车满为患”,所有的孩子都把车骑来了,当大家都想把自己的车停进停车场的时候,问题来了,车位少,车多,让谁停呢？孩子们你挤我,我挤你,都不想谦让。

图 12　试停车第一天

2. 捕捉时机　启发引导

有了车位，怎么停？问题源于孩子，那就让孩子们自己来解决吧。孩子们说起了自己的经验：“我们小区的停车位都是画线的，还有编号，每个人都把车停在线里面，就不会乱了。”

于是教师又和孩子们商量，要是大家都把车骑来，车位不够停怎么办？孩子们说可以像每周当礼仪宝宝一样，按照班级轮流骑车来上学。

这个方法得到了全体孩子的认可，他们都愿意遵守这个约定。并且根据场地的大小，孩子们统计出了每个班级每天的停车位数量，具体停哪个车位，他们想到了给车位编号。

3. 生活教育　相辅相成

大、中、小年龄段的孩子都自主来停车，对于车位的编号他们都认识吗？如何结合孩子的能力特点和认知水平，让他们顺利地将车停入停车位呢？于是教师们适时介入了。将孩子们的认知特点与生活教育相结合：小班小朋友的停车位上是圆点，两个班级分别用不同的颜色来表示，让他们自己去点数 5 以内的数量；中班小朋友已有认读数字的能力，为了区别两个平行班的车位，其中一个班的车位号数字用圈圈起来；大班小朋友的难度增大，特设了两个维度的序列数。让孩子运用已有的数学经验为自己的生活服务，并在生活化的情境中提升对数字的理解和运用能力。

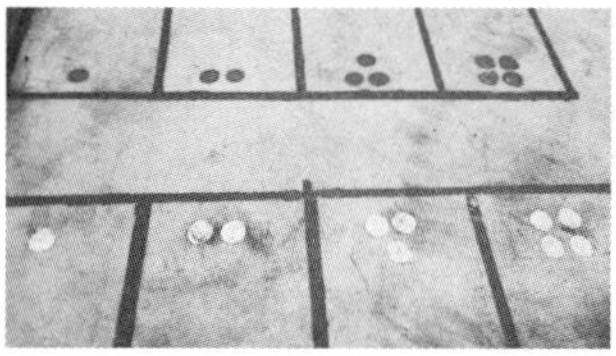

图 13　小班的停车标识

图 14　中班的停车标识

图 15　大班的停车标识

4. 停车混乱　公约为定

针对停车场前期的“混乱”现象（如一个班多位孩子骑车来园，自己班的车位停不下，就停到别的班去；有些“车主”一会儿将车头朝外，一会儿将车尾朝外等等），大班孩子分小组进行了“停车公约”的商定。他们用绘画的形式表达了自己对停车规则的认识，最终总结了以下四条停车公约：

① 每班 4 个车位；

② 听从小交警指挥；

③ 有序停车；

④ 不随意停放。

图 16　停车公约

图 17　停车预约

信在创课中——刹车石

当大家都以为可以轻松停车的时候，问题又来了，因为场地的倾斜，孩子们的车不会乖乖地停在指定的车位上，总是倒溜，这可急坏了孩子们。说好的必须停在指定的车位上，怎么办呢？

图 18　车子倒溜

1. 问题分析——为什么车会倒溜

把车停在操场上会倒溜吗？为什么停在车位上的车会倒溜？

孩子们经过比较后发现，操场的地面是平的，车停得很稳。车位的地面是斜的，所以车会倒溜。同时我们用皮球让孩子们观察感受球在斜坡上的滚动。

图 19　实验对比

为什么同样的车位上，老师们停的汽车不会倒溜？我们把教师的车门都打开，让孩子们一辆一辆观察，看看车里有什么秘密武器，可以让车不倒溜。经过一段时间的观察后，几个男孩子开始喧嚷起来：“我知道了，我知道了，这个把手是刹车。”“对对对，就是刹车，我爸爸跟我说过，这个一提拉，车子就不会动了，刹车刹住了。”

图 20　观察比较

哦，原来汽车有刹车，那小朋友的车没有刹车，怎么办呢？

2. 经验再现——用什么来防止小车倒溜

于是各班又开始了商讨，有的孩子说，给他们的小车也装个刹车；有的说把停车位铺平；有的说用铁链子把车锁住。

图 21　探讨并记录交流结果

这时有个中班的小朋友说：“我上次去公园骑车时被一块石头给卡住了，我们也用石头来卡住车好了。”这个方法好不好呢？赶紧试一下吧。于是孩子们在幼儿园的角落里找到了一块石头，用来卡在车的后轮上，车一动不动，稳稳地停住了。真的是很不错的办法，孩子们一阵欢呼。但我们需要很多石头，去哪里找呢？

图 22　稳稳刹住

幼儿说：“我外婆家有。”

教师说：“为什么你外婆家有石头？”

幼儿说：“我外婆家门口有一条小河，河里有很多的鹅卵石，夏天的时候，我经常和哥哥姐姐一起下水去玩的。”

于是教师把孩子们的这个想法跟家长沟通，也得到了家长们的认可和支持。在班级家委会的组织下，家长们选择了地点，带着孩子们进行了一次金秋远足的活动，让孩子们徒步行进，到小河边找石头。

有的孩子选择的石头大，有的孩子选择的石头小，什么样的石头适宜当刹车石呢？这时家长进行了跟踪指导，在家长们的引导下，孩子们都选到了合适的刹车石。

3. 艺术创造——个性彩绘刹车石

星期一孩子们捧着自己的刹车石来幼儿园了，但圆鼓鼓的鹅卵石放在一起，孩子们分不清哪块石头是自己的，为了便于辨认自己的刹车石，他们决定给石头进行彩绘。

图 23　彩绘刹车石

绘画、勾线、涂色等一个个环节完成后，原本毫无生机的石头变成了卡通形象、水果派、植物造型。从一块刹车石的由来，到最后造型的呈现，倾注了孩子的智慧、能力和创造。运用自然和社会的环境，以唤醒其生活的需要，扩充其生活的经验，培养其生活的能力。同时孩子们的家长也跟随教育的脚步一起进入了孩子的世界。

信在社区里——我是小交警

随着停车场的开始运营，各种问题、各种故事在不断地发生。

现场情况：车辆行驶的路线不统一，造成碰撞事件；行人和车辆没有分开;家长的行走路线也是没有规则的……

有个大班的孩子说:“马路上有许多的交通标志,大家都会按照交通标志来行走,我们这条阳光大道上没有。马路上还有交通警察,我爸爸就是警察,我也想来幼儿园当交警。”

“老师,我也想当交警”“我也想当交警”“我也想当交警”,孩子们把手举得高高的,一个个挤到老师面前,争着想当交警。意识到用规则来约束自己的行为,说明孩子们的社会性发展水平越来越高了,于是我们邀请了交警部门给我们喷绘交通路线,购买了小警服来满足孩子们的需求,更好地支持他们的活动。

图 24　神气的小交警

穿上了警服之后,孩子们可神气了,一个个昂首挺胸,挥舞着手中的小红旗,指挥着阳光大道上的交通。家长们看到这一幕,也笑得合不拢嘴,他们在小交警的指挥下,遵守交通规则。尤其是下午来接孩子时,以前家长排队等待时是一窝蜂的,现在在孩子们的指挥下,都排着整齐的队伍,不敢插队,生怕被小交警“批评”。通过孩子的游戏,也带动了家长文明素质的提升。

图 25　家长接送时段状况

随着游戏的推进，孩子们对小交警的要求也越来越高了，他们提出小交警要有警棍、对讲机、望远镜、催泪弹、腰带、盾牌、警官证等等，于是家长们也纷纷支持自己的孩子，有的提供望远镜，有的提供对讲机，尽可能满足孩子们的需求。可是这么多的物件放哪里呢？

孩子们需要一间工作室。阳光大道在室外，怎么样让物件有地方放，又可以随时拿出来使用呢？于是他们把目光投向了门卫爷爷。

给门卫爷爷的一封信

亲爱的门卫爷爷：

您好！

您是世界上最好的门卫爷爷，谢谢您上次给我们做了那么好玩的娃娃家小房子，我们可喜欢了，我们可以在里面炒菜做饭，招待客人，您真厉害。今天我们又来麻烦您，我们的停车场需要一间小交警工作室，因为小交警有许多的工具要放，还有小交警累的时候要去休息一下。爷爷您辛苦了，当您累的时候，我们会帮

图 26　给门卫爷爷的信

您捶捶背，给您按摩按摩，让您放松一下筋骨。

谢谢爷爷，我们知道，您一定会答应我们的。

一群可爱的大班小朋友

2017 年 12 月 21 日

图 27　送信给门卫爷爷

图 28　门卫爷爷在满足孩子的心愿

门卫爷爷收到信后，被这群嘴巴抹了蜜的小可爱们乐得合不拢嘴，边笑边说：“一定给你们做，一定完成你们的心愿！这些孩子真是乖孩子。”

门卫爷爷就这样开始了他的木匠活，一边做一边还时不时地去征询孩子们的意见：你们喜欢什么样的屋顶呀？你们喜欢什么样的窗户呀？这里

图 29　小交警工作室

给你们开个门好不好？你们放工具的柜子需要几层呀？经过与孩子们不断探讨和交流，精致的小交警工作室诞生了。门卫爷爷还一鼓作气，又为孩子们打造了一间车子美容店。

车子美容店

1. 车子美容店的由来

有一天突然下雨，雨停之后，当孩子们出来散步时，都惊呆了，因为他们的爱车都变成灰头土脸的了，孩子们看着很着急。这时带班的老师就顺应生成了一次劳动课，让孩子们给自己的车洗个澡……

“我们也开一家洗车店吧，还可以给老师的车也洗一洗，美美容。”

那汽车美容店是什么样的呢？工作流程又是怎样的？工作人员是怎么工作的？

2. 参观车享家

教师的一个个提问，让孩子们产生了思考。有的孩子能说几点，有的孩子没有经验，于是教师与隔壁的车享家负责人沟通之后，孩子们直接进入了车享家观摩。他们分组一边观摩，一边进行记录。

(1) 汽车美容店使用的工具。

高压水枪、海绵、洗车液、抹布……

(2) 汽车美容店的工作流程。

① 洗外部：先冲洗一遍，把车打湿；接着喷上泡沫，用海绵擦拭；再用高压水枪冲洗，最后用抹布把车身擦干净。

② 洗内部：拿出脚垫冲洗，用吸尘器把车里的灰尘吸干净，再用抹布把车里擦干净。

③ 美容：冲洗干净汽车后，用圆形海绵蘸上车蜡，均匀地涂抹在车漆表面，涂抹完毕晾干后，用超细纤维毛巾在漆面上像擦皮鞋一样为漆面抛光。

图 30　参观车享家

(3) 工作人员工作流程。

① 热情接待客人。

② 把客人接到休息区等候。

③ 给客人倒水并提供书刊供客人阅读。

④ 美容结束,把钥匙交给客人,跟客人说“再见,欢迎下次再来”。

3. 交流观察学习内容

经过观摩后,孩子们回来交流分享了观摩经验,也拟定了自己的车子美容院需要的工具和工作流程:

图 31　幼儿拟定的工具

(1) 工具。

水桶、抹布、海绵、刷子、洗洁精、装饰物……

(2) 工作流程。

接待部:安排客人到休息区休息,提供茶水。

清洗部:先用清水擦拭车子;然后倒一点洗洁精在水里搅拌均匀后,擦拭第二遍;再用清水将车冲洗干净;最后用抹布把车擦干。

美容部:装饰洗干净的车。

接待部:把车送到客人手中,询问客人是否满意。

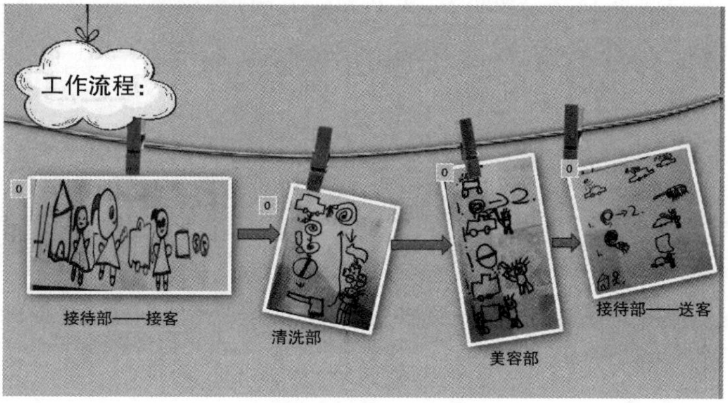

图 32 工作流程

4. 开张营业

车子美容店开张了,孩子按自己的意愿报名,有的申请当店长,有的申请当接待员,有的申请当清洗工,他们玩得有模有样,俨然幼儿园内一个小型车享家。

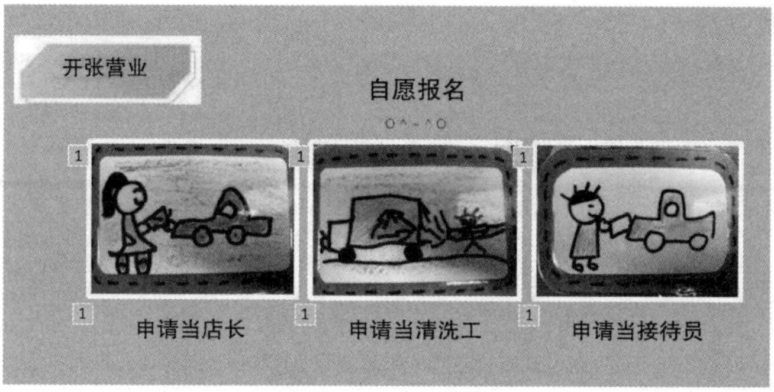

图 33 自愿报名

为了更好地支持孩子们的需求,真实地模拟生活,幼儿园还申请经费给孩子们提供了一些水龙头、皮管子等。门卫爷爷看孩子们玩得如此起劲,也特意搭建了一个休息区,让孩子们更好地开展游戏。通过幼儿的这种实际行动，使个体与环境接触，从而产生直接经验，这种经验也可以说是人生的基本经验。

图 34　车子美容店

如今，孩子们的停车场成了幼儿园里一道靓丽的风景线，很多以前经常迟到的孩子，上学的积极性也提高了。一个小小停车场带给我们很多的改变：

① 生活课程内容的深度挖掘——一个“停车场”融入了语言、科学、艺术、社会、健康五大领域的教学内容，让孩子的综合能力得到了发展。

② 家长、教职员工教育观念的转变——更注重跟随孩子的兴趣，从孩子的生活环境中收集材料，让他们体验最真实的生活。

③ 幼儿社会交往技能的积累——通过“停车场”游戏，使幼儿在“玩中学”“学中玩”，享受真生活、真游戏的乐趣。

④ 幼儿学习品质的形成——“停车场”游戏帮助幼儿不断积累经验，并将其运用于新的学习活动，使幼儿形成受益终身的学习态度和能力。

生活课程源于生活，它从生活而来，从生活而开展，也从生活而结束。

故事不断

接下来一场孩子自发的赛车活动即将拉开序幕……

教师的感悟

这些课程，来自于现实，来自于生活。起源于孩子学习发起的需求，起源于孩子要面对解决的问题，起源于孩子的发展追寻。

在课程的具体展开中，教师要有一种清晰的教育意图和自觉追求有效目标达成的意识。我们虽然强调尊重孩子的兴趣，但不是被孩子牵着跑，所以课程的实施是一个教师和幼儿双向互动的过程。这里面既要有教师教的意图追求，又要有对幼儿学的兴趣、注意力的追随，二者要保持平衡，保持辩证统一。

有时候，在日常教学中，我们会不可避免或是偏重于教师，出现拽着孩子跑的现象；或是太追随幼儿的兴趣，教育无法聚焦，无法确保教育的针对性和对目标的追求。这就是一个辩证的关系。师幼关系辩证的双主体，都要表现出各自在课程建设当中的这种作用，实现师幼共创课程。

专家点评

这个课程故事的题目,把我拉回到半年前,当时听课程实施者讲述这个故事时的喜欢和感动仍不时闪现。

我喜欢和感动,是因为我看到了幼儿真实生活的意义,以及幼儿真的成了幼儿园的主人。该活动源于孩子真实的日常生活,他们希望能像爸爸妈妈一样开着车上幼儿园,把车子停在幼儿园,还可以开展"谁的车子速度快"的活动,可惜,幼儿园没有属于他们的停车场。孩子们想拥有自己的停车场,于是他们写信申请、回顾讨论、设计搭建、规划建造,并且开展停车管理、交通管理、汽车美容等一系列活动,这些活动自然而然、真实有趣。活动是孩子的真生活、真问题、真行动,体现了张雪门先生行为课程中"生活即教育""行为即课程"的基本思想,让幼儿在生活与行动中获得"真实的知识",面临"真实的问题",发展"真实的驾驭环境的能力"。

我喜欢和感动,还因为我看到了所有的成人为让孩子的梦想成真所做出的努力,以及大人和孩子们、大人和大人之间建立的平等、友好与协作的关系。故事中有老师、园长、门卫爷爷、保健老师、爸爸妈妈、交警、汽车美容店的工作人员,所有的成人尊重孩子的需要和想法,真心实意地支持孩子的行动和创造,正是因为他们的尊重、信任与支持,才使得孩子们拥有了属于自己的停车场,并且实现课程的不断生长,才有了"我是小交警""车子美容店""赛车活动"等精彩故事的发生。

张雪门先生认为:"幼童一定先有了直接经验,然后才可以补充想象。"因而,我想如果孩子在回顾有关停车场的经验后,回到真实的生活中,开展社会调查、讨论分享、选址规划……是否能更好地满足孩子建造停车场的需要以及提高他们解决真实生活问题的能力。

(南京市太平巷幼儿园　汪　丽)

我们一起建沙池

江苏省南京市实验幼儿园　张　丹

持续时间:2017 年 9 月至 2017 年 10 月

年龄段:大班

故事的开始

拥有什么样的儿童观、课程观,就会选择什么样的课程资源。没有合适的教育资源,我们的课程就是无源之水。认识到幼儿是课程的主体,他们有选择课程的权利和能力,我们在课程资源的选择上就会更加关注幼儿的兴趣和需要。正是基于这样的思考,才有了这个故事。

因为幼儿园改扩建,幼儿园全体师生整体搬迁到其他园所过渡。新学期开始,孩子们对新园舍充满了好奇,于是我们利用开学第一周的散步时间参观、认识了新园舍。散步后大家讨论起了我们的新园舍,有幼儿提出:"我发现新幼儿园没有沙池,那么我们户外游戏就不能玩沙了。"一石激起千层浪,孩子们提出要建一个沙池。

思考:我感觉到了孩子的热情和需要,这是多好的课程资源啊,不能把园本教材作为唯一的课程资源,来源于幼儿的生活和需要的课程资源,一定会为我们的课程注入新的活力,让幼儿的学习更有趣味和意义。为了满足幼儿的需要,我将原有的主题改为了新生成的主题"我们一起建沙池"。

故事进行中

我感觉到了孩子的热情和需要,当大家讨论到谁来建沙池这个问题时,有的孩子说“请工人叔叔来”,有的孩子提出“想和工人叔叔一起来建沙池”。这个愿望一提出,大家纷纷附和,想要参与到沙池的建设中。孩子们有自己是幼儿园小主人的意识,不仅仅对自己的生活学习环境提出建议,还希望参与到环境的改造中,这是孩子热爱幼儿园、有归属感的表现。作为教师应该积极支持孩子,但是我也有自己的担忧,大班小朋友有这样的能力吗?作为不是专业建设人员的教师,我有这个能力支持指导幼儿吗?幼儿园能同意孩子们去建沙池吗?带着这些疑问,我和班级其他老师一起向年级组长和园长表达了孩子的愿望和老师的担忧。大家一讨论感觉挺好的,园长妈妈为孩子们有实幼小主人的意识而高兴,放心地把这件事情交给了孩子们。园长的信任给了我们信心,班级老师讨论后,大家认为孩子有愿望有能力做到哪一步,我们就做到哪一步。教师缺乏专业建筑能力,可以和孩子一起学习,查阅资料,也可以请专业人员帮助我们排忧解难。一番讨论消除了我的顾虑,坚定了我支持孩子愿望的想法。

1. 在哪儿建沙池?

孩子们决定参与到沙池的建设中来,积极地讨论着在哪儿建沙池。大家各抒己见,多功能厅门口、大班楼前、小菜园、二楼平台、小班楼前等,大家都觉得自己提供的主意最好。

图1　幼儿为沙池选址投票

我想教师这时候应该去引导和支持幼儿思考,而不是代替他们做决定,于是我将大家分成六个小组分别去他们自己选择的地点实地考察。

孩子们进入了实地后,经过多方面的观察、思考,发现这些场地有做沙池的优势,但是也存在着问题。

- **滑梯下**

亲亲:小朋友们可以直接滑到沙池里。

可乐:会撞到我们的作品,而且也不方便展示作品。

润润:玩户外游戏的小朋友玩娃娃家的时候衣服上、鞋子里都会沾上沙子。

小雅:滑梯上也会有沙子,小朋友就不能玩了。

- **多功能厅门口**

云云:在多功能厅门口建沙池,会挡住通道,就没法走路了。

晨晨:食堂的叔叔阿姨也没法给我们送饭了。

二宝:以后这块地方就不能玩涂鸦墙了。

- **大班楼前**

韬韬:大班楼前地方很大,很近,也很方便。

润润:那是我们通向教室的路,建了沙池以后就不能走了。

涵涵:建了沙池,我们就没法在那举行升旗仪式了。

小黄:我们没有地方做操了。

东东:可以找个大盖子,把沙子盖起来。

洋洋:但是盖子撑不住那么多的小朋友,小朋友们会掉到沙子里去的。

- **二楼平台**

润润:二楼平台场地又大又平整。

洋洋:那小朋友们就不能在这里做操玩游戏了。

雨晨:沙子会从栏杆漏下去,楼下的小朋友头上就会都是沙子。

小雅:我们有时候也会去那里玩,建了沙池就不能玩了。

天天:沙池用水的话,水也会漏下去,这样楼下的教室就会漏水。

- **小菜园**

玲玉:这样我们就没法种菜了。

燕妮:沙池和菜地各一半,种菜和玩沙地方都不够。

西西:沙子会弄到菜上。

- **小班楼前**

洋洋:那边有一条通道,这样就可以走旁边的路,不会占用我们走路的地方。

楠楠:地方比较大,可以让我们好好玩,而且周围还有一圈轮胎,可以把沙子和草坪分开来。

实地考察完成,大家进行了第二次讨论,每组请一个组长介绍了场地的优缺点,之前的几个地方都存在占用过道,影响幼儿活动的情况。小朋友听了都觉得很有道理。在自主投票的时候,大多数小朋友选择了小班楼前空地。就这样孩子们选定了沙池的修建地点。

2. 我们开始建沙池了

(1) 怎么建沙池?

可是沙池要怎么建?孩子们带着这样的问题,回家和爸爸妈妈一起查阅资料。经过调查后大家很快确定了建造沙池的步骤:

第一步　挖土:先确定建造沙池的范围,然后将泥土都挖走。

图 2　幼儿绘画的建造沙池步骤图(1)

第二步　运土:用大卡车将挖出的土和石块运走。

图 3　幼儿绘画的建造沙池步骤图(2)

第三步　建造沙池:将砖头、水泥、沙子铺在沙池的底部和四周。

图 4　幼儿绘画的建造沙池步骤图(3)

第四步　填沙:用沙子将沙池填满。

图 5　幼儿绘画的建造沙池步骤图(4)

(2) 选择什么样的工具?

确定了建造沙池的步骤,我们开始进入第一步——挖土。讨论挖土需要的工具时,孩子们基于玩沙的经验提出了需要塑料小铲子、小桶、雨靴等等。在做好这些物质准备之后我们就和孩子一起来到挖沙池的场地,热火朝天地开始挖土。挖着挖着,孩子们发现自己带的工具不合适。大家讨论起来:“我的铲子太小了,每次只能挖一点土”“我的铲子是塑料的,挖沙子可以,挖泥土挖不动,我要换个铁铲子”“我的桶太小了,每次装的土太少,我要换个大桶,或者要个箩筐”“天气太热了,要准备一顶遮阳帽”“户外蚊子多,要抹防蚊水”。教师和家长们积极支持,按照孩子的意愿给孩子准备了合适的工具和户外用品。大家也发现了挖土的时候铲子要斜着插进去再提起来才能挖到更多泥土,小朋友之间的距离要远一点,挖土更安全。

图 6　幼儿讨论的挖沙池工具

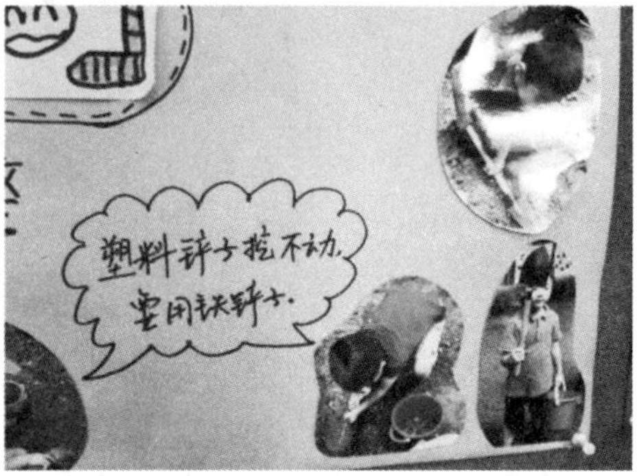

图 7　幼儿对挖沙池工具的调整

思考:让孩子成为课程的主人,说起来大家都知道,可做起来真的不容易。孩子们想自己建沙池,我有担心,有顾虑,有困惑,但是幼儿难道只能被动的学习和接受正确的知识和技能吗?幼儿的问题、困惑,正是激发探究精神的基础,幼儿有需要、有热情参与建沙池,教师当然要积极鼓励和支持,正是有了班级宽松、民主的氛围,幼儿才会大胆表达自己的意见。教师需要做的是为幼儿创设良好的环境,调动幼儿的主动性、积极性和创造性,激发他们大胆探索。在课程中真正做到幼儿本位,才能促进幼儿的主动发展。

(3)沙池要挖多深?

孩子们在挖土的过程中遇到了问题,他们一边挖土,一边问我:“沙池究竟要挖多深?”我问:“你们认为呢?”于是我们回到活动室一起讨论起来。有的孩子说要 1 米,大家拿出了卷尺,感受 1 米的长度,于是他们立刻发现 1 米已经到自己的脖子。有的说要 4 厘米,大家一看才到脚踝那么深,也不行。那就 50 厘米、20 厘米……就这样孩子们认识、体会了各种长度。最后大家商量沙池的深度应该到膝盖下面,大约 40 厘米比较合适。可是又有孩子提出:“我妹妹比我矮得多,我的小腿要到她的大腿了。”大家立刻就意识到,适合自己的深度不一定适合小班、中班的弟弟妹妹。怎么办呢?大家提出要量一量。用什么量呢?孩子们想到了筷子、绳子、树枝等各种工具。于是大家带着自己的工具去测量了。韬韬选择了绳子,他先在自己身上量了一下,在膝盖下面的长度那里打了一个结，做了记号。他来到了小班和中班，和老师说明原因，然后找了一个矮一点的妹妹，从她的脚底开始量，发现结在妹妹膝盖处，高兴地说："这个长度很合适。"于是他带着这段绳子去挖土，时而把绳子拿出来在沙坑边量一量，看看挖的深度是不是合适。

图 8　幼儿关于沙池深度的讨论

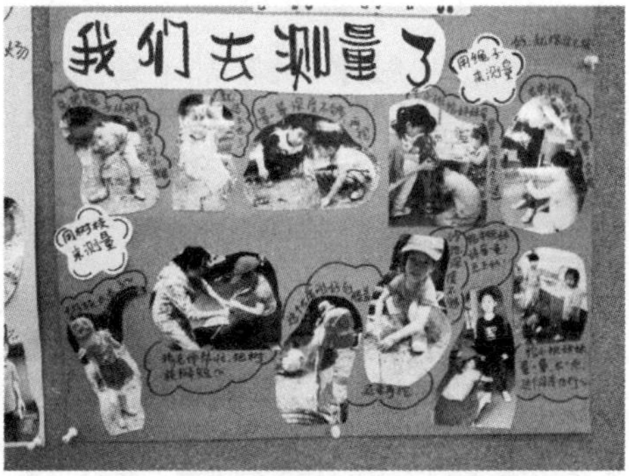

图 9　幼儿关于沙池深度的测量

思考：在对课程资源的开发和利用过程中，如何筛选有价值的资源，对幼儿生成的兴趣点及时地捕捉和关注，并引导他们深入探究，必须建立在对幼儿已有经验的了解和对《指南》中幼儿各个年龄段发展目标的认识之上。当幼儿在挖沙池的过程中，遇到了关于深度的问题，我敏锐地感受到这是发展幼儿数学自然测量的一个契机，符合《指南》中对大班幼儿的数学发展需求。教师引导幼儿去讨论、思考关于测量的长度和工具的问题，让兴趣变为探究的动力，让幼儿在实际操作中掌握了正确的测量方法。

(4) 运土和搬砖

孩子们挖了好多土，现在需要把它们运出去。开始的时候，大家一股脑儿都把土倒进大箩筐，想将装满土的箩筐运走。两个孩子来抬时，发现根本抬不动，这时候来了更多小朋友，他们一起拎着大箩筐的边缘，想合力把箩筐抬走，可是箩筐太重了，大家的小脸因为用力涨得通红，可箩筐还是纹丝不动。

于是他们想出了很多办法：有的孩子请来了后勤的湛叔叔和来实习的大哥哥袁老师一起帮忙，因为他们是男生，力气大。有的孩子找来了小一点儿的箩筐将土分到小箩筐里,再和小伙伴合力抬着走。孩子们发现一个大箩筐的土整整可以装满六个小箩筐。其他用小桶运土的小朋友也数起来,十铲子装满一个小桶;二十桶装满一箩筐等等。

箩筐里的土很重,孩子们拎得满头大汗,休息一下又招呼同伴一起运土。9月的天还是挺热的,孩子们的脸上留着汗,手上有黑黑的泥土,但是没有孩子喊热,喊累,大家都干劲十足。不怕困难、坚持不懈的学习品质,就在孩子们感兴趣的活动中,自发表现了出来。当活动满足了孩子的兴趣和需要,学习品质的培养就自然而然地融入活动中了。

图10　幼儿讨论

图11　幼儿合作运土

然而活动的开展总是被不断生成的新问题打断,挖到后面,场地中出现了许多水泥板之类的建筑垃圾,原来这里曾经建过房子,有地基,挖深工程陷入困境。怎么办呢? 晨晨提出:“我们的户外自主游戏区有很多砖块,我们可以用它把沙池围成一圈,就像游泳池一样。”在他的引导下,孩子们想到用砖块在沙池边缘垒高,从而增加沙池的深度。

砖头对于孩子而言挺沉的,一个人搬运有些困难,于是大家想到用户外游戏的推车运砖。开始的时候,北北将两三块砖零散地放在推车上,后来他觉得这样运太慢,于是一下子运了很多块砖,可是这些砖块运到半路就掉落了。于是他反复尝试,发现将砖头整齐地堆放在小推车上,既能运得多,又不会掉下来。

几个小伙伴自发排成一排用一个个传递的方法运砖，只用了一个下午的时间就在沙池旁边垒了许多砖块。在这些活动中似乎不用强调同伴合作，遇到问题，大家就会商量对策，干起活来互相配合，很有默契。

思考：真正好的课程资源一定是综合性、整合化的。“我们一起建沙池”的课程，不仅让幼儿获得认知性的经验，还有社会性经验、情感性经验以及人际关系等方面的经验。实践性的活动，不仅让幼儿获得了知识，也培养了其做事的能力、不怕苦不怕难的意志品质、团结协作的精神，激发了幼儿对幼儿园的热爱和小主人意识。

3. 挖土中的趣事

在建沙池的过程中发生了许多有趣的事情，孩子们挖出了碎瓷片、各种颜色的碎砖块、各种螺蛳壳、贝壳，他们每挖到一个东西就和旁边的同伴一起研究谈论，然后小心地把东西放到自己的小桶里，像发现了宝藏一样舍不得丢弃，大家把“宝藏”收集起来带到教室清洗、分类，然后放到各个区角中做游戏材料。

孩子们还在泥土里发现和认识了各种昆虫，有死去的蜜蜂、千足虫、西

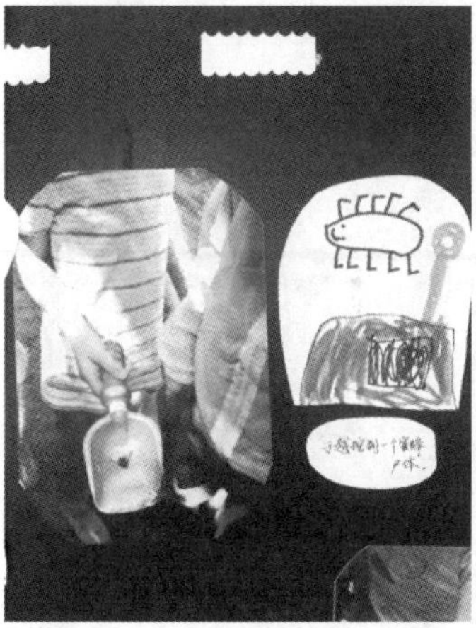

图 12　幼儿记录挖土中的发现

图 13　幼儿记录挖土中的趣事

瓜虫、小蜗牛等，还有一个白色透明的椭圆形东西和白色蠕动的虫子，大家都不知道是什么，于是我们带着问题一起去找寻答案，发现这是蛹和幼虫，我们因此了解了昆虫的生长过程。多么好的生命教育，这些生动的教育资源是书本里、课堂中体会不到的。

思考：在生成活动中，课程是动态建构的过程。我不再担忧每天的课程该如何走下去，第二天进行什么活动，因为在生活化的活动中，教师无法预知可能发生的事件。在“我们一起建沙池”中，幼儿课程的真实推进和走向，更多的是由活动的具体行进状态，以及幼儿的兴趣需要决定的。孩子们发现了各种碎瓷片，自然会用它进行艺术装饰；发现了各种形态的昆虫，自然会进入到对昆虫的认识和对生命的认识课程走向里。

4. 我们期望的沙池

在建造沙池的过程中，孩子们畅谈自己期望中的沙池，比如设施的改

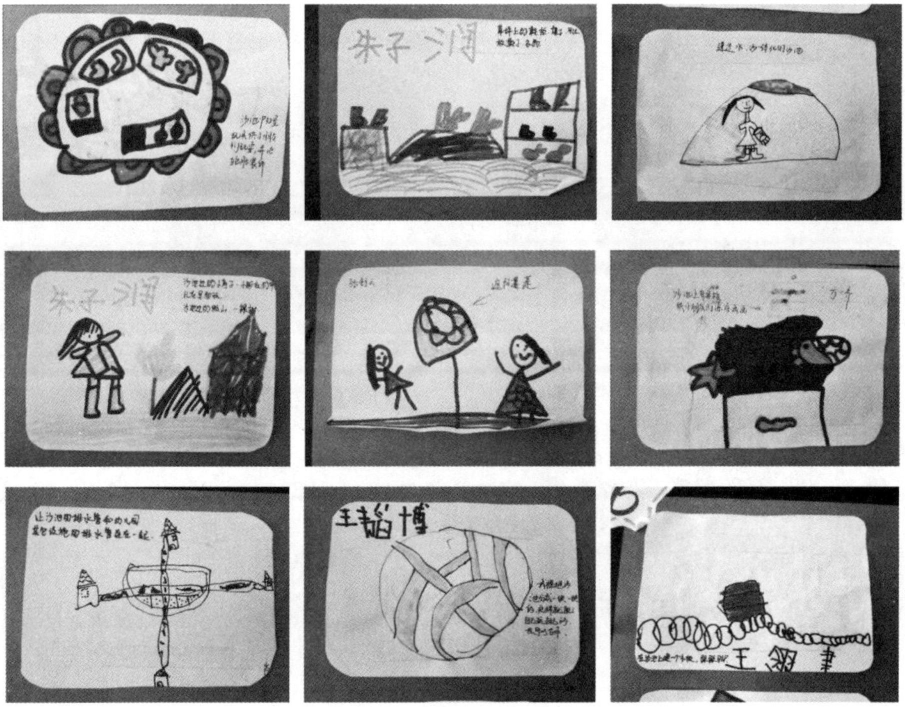

图 14　幼儿设计的沙池

进或者装饰美化方面的想法。孩子们集思广益,想法层出不穷。建沙水综合游戏区、换鞋区、洗手池、遮阳篷、在沙池中放上小滑梯攀登架、在底层建一个排水系统和幼儿园的排水管连通、在沙池底部铺一层过滤网,还要在砌砖时趁着水泥没干的时候镶嵌一些装饰物、在沙池里摆放小盆景……孩子们将自己对沙池的美好规划画下来,送给幼儿园作为后期建沙池的参考。

后来的故事

接下来的工作是挖地基、垒墙,孩子们没法去做了,但是他们仍然关心沙池的建设,有空的时候总是去看工人叔叔如何用机器打地基,如何用工具把土夯实,如何用大家运来的砖头砌沙池的边缘,如何建排水系统、铺过滤网、装沙子。

幼儿园的沙池终于建好了,孩子们如愿以偿在里面玩沙,有时放学经过沙池,孩子们会自豪地告诉爸爸妈妈这个沙池是小朋友们一起帮忙建好的。

图 15 幼儿关注沙池的后期建设

图 16 沙池建好了,大家可以玩了

教师的感悟

在短短两周的生成课程“我们一起建沙池”中,我们和幼儿一起对“沙池”这一课程资源进行了深层次的探究,也有许多的感悟。

首先,以幼儿的经验和思考进行课程资源的开发。这种方式更具有挑战性,不急于将"沙池"的知识传递给幼儿,而是在课程资源的动态开发过程中,不断展示幼儿的兴趣和思考,这是对幼儿的尊重与信任,也让课程更加贴近幼儿的生活和需要。认识到幼儿特有的身心发展特点,在课程资源的选择上要充分考虑课程资源的生活化、经验化、整合化和活动性。

其次,课程需要幼儿的真实体验与实践。亲身实践是幼儿学习的特点,幼儿实际参与沙池的建设,引发了他们对真实生活的兴趣和探究,产生了真实的体验。幼儿每天将自己的体验用各种形式记录下来,教师引导他们不断对课程资源开发进行回顾和反思,促进幼儿更主动、更有意义的学习行为。

根据幼儿的想法进行探究,我们会发现许多可以激发幼儿学习兴趣的机会。在沙池活动中,教师鼓励和支持幼儿在探究的基础上采取更多行动,这样的方案极具挑战性,需要拓展幼儿的兴趣和问题,而不是急于教他们有关知识,这样不仅表现出对幼儿的尊重,也帮助幼儿认识到自己就是思想家、创新者,是自己学习的主人。

在课程中教师可以做什么?从开始的摸石头过河,每天都在想"明天的课程如何继续",到顺水推舟,在"课程资源的动态发展中选择聚焦点"。跟随幼儿对课程的兴趣和倾向性以及发展需要,我们的选择,有时是关于数学的数、量的认识,自然测量的探究;有时是关于昆虫的探究;有时是关于如何与同伴、幼儿园其他成人的合作等。幼儿自己发现的课程资源,仿佛为课程发展注入了一股活水,顺着他们的需要,课程走向在自然地流淌。

在课程进行中,作为教师,我不断观察幼儿,考虑他们不断生发的兴趣,和幼儿共同创造课程。有时不加干预向后站,有时采取行动引导支持,既有让幼儿开心雀跃的时候,也有需要他们理解探索的时候。我想课程资源的开发就是教师与幼儿双向进行互动的过程,在这个过程中教师和幼儿学到的一样多,创生出了真正让自己心动的课程。幼儿在这个过程中理解周围生活,发展自己的能力,成为课程的主人,为幼儿园做贡献,作为教师也开始用幼儿的视角,看到了一个全新的世界。

杜威说:“不以儿童的生活为出发点,教育便会造成浪费。”幼儿园课程资源广泛存在于幼儿的生活中,要充分地开发和利用。课程资源的选择、开发的程度取决于幼儿园的课程理念,取决于教师的专业素质,也取决于幼儿的积极参与,应有效开发利用课程资源,让幼儿成为课程真正的主人。

专家点评

从故事的选题,看作者的课程观。沙池,是幼儿喜欢去的地方,玩沙是幼儿最喜欢的游戏之一,是童年生活中不可或缺的游戏;建个沙池,当然就成了孩子们真实生活和游戏的需要,也是他们憧憬的一件事。杜威先生说过:让孩子参与真实的生活,才是孩子身心发展和经验改造的正当途径。所以,在建沙池这件事上,南京市实验幼儿园的老师,从幼儿的生活和游戏需要出发,为幼儿提供各种鹰架支持,满足了幼儿学习和发展的需求,反映了他们对幼儿园课程的基本立场:幼儿的生活是幼儿园课程的出发点。

从故事选择的叙事角度,看教师对幼儿的理解。儿童不是成人,由于心智和能力的限制,当然也就不可能像成人一样做事。可是,不能像成人一样做事,不等于成人的事他们就不能做。关键是我们更看重什么?我们如何看能与不能?建沙池,我们看重的是结果——一个新的沙池,还是看重建的过程?如果是后者,那么能与不能的问题也就解决了:让幼儿做他们能做的。所以,故事的展开并不是一个完整的建造过程,而是抓住了建造沙池前期的准备工作,从选址规划到挖土搬砖,幼儿的表现大大超出了成人的想象,故事的叙事重点,抓住了最能表现幼儿智慧的准备工作去抒写,也才有了建沙池的故事。所以,没有对儿童的理解,就没有这个故事。

教师的任务就是创造更多学习机会,让幼儿获得更多的经验。假如,教师在前期规划时,能给幼儿更大的空间,对沙池的大小面积等问题进行调查;在使用工具时,能让幼儿通过调查,认识和体验更多的不同劳动效率的工具,感受工具和技术的进步带给人们生活和社会的变革……或许,教师会发现活动中所蕴含的更多的学习机会,幼儿还可以获得更多的经验。

故事的结构如果能采用纵式结构,抓住选址规划、调查建造流程、施工——挖土、运土、搬砖以及在这个过程中遇到的困难、如何解决困难,其中多花笔墨重写施工部分,故事的结构会显得紧凑一些,叙事的线索也会更清晰。

(张春霞)

沙池里的隧道狂想曲

四川省成都市蒲江县南街幼儿园　郑　超

持续时间:2018 年 2 月至 2018 年 6 月

年龄段:大班

沙池里还可以玩什么?

二月,是乍暖还寒的季节,幼儿园迎来了新的一学期。沙池旁边的植物迷宫里新添置了一些钻隧道的大型玩具,这让孩子们兴奋不已。玩沙的时候他们聊起天来,有的说:“我们可以在沙池里挖隧道。”有的孩子难以置信地笑着回答:“哈哈,怎么可能挖隧道嘛,沙一挖,就垮下来啦,不可能成功的。”这下沙池里可热闹起来,孩子们为“沙池里能不能修隧道”争得面红耳赤。

图 1　园内新增的大型玩具

“沙池里挖隧道”的游戏能成功吗?带着这样的猜想,孩子们开始了在沙池里的建构游戏。

图 2　短小的“隧道”

第一次游戏,才刚刚开始就听见有小朋友发出开心的呼喊声,我回头一看,浚浚和赫赫在欢呼:“老师,我们成功了,你快看呀。”果然,他们两人合作,挖了一条非常短小的“隧道”。我惊奇地拍下照片,紧接着旁边的孩子被这件成功的作品吸引了。通过同伴学习,一时之间,成功的欢呼声此起彼伏。

是真的成功了吗?看着孩子们微笑的脸庞,我陷入了沉思:挖隧道的活动属于沙上的建构游戏,是不是应该贴近生活去还原隧道的模样?两两短小的接通对于大班幼儿的发展真的有意义吗?成功的标准该如何定义呢?

想着想着,就到了收拾整理的时间了。孩子们井然有序地收拾材料,然后回到教室里。我把刚挖的“隧道”照片同屏到电视机上:“我们来欣赏一下大家今天修的隧道。”

科科说:“有点短,我见过很长的隧道,可是我挖不出来。”

锋锋说:“看起来弯弯的,拱拱的,像一座桥。”

卓卓说:“可以再大一点,再长一点。”

孩子们你一言,我一语。琢磨着自己作品的不足之处时也能喜笑颜开,孩子们是有多么喜欢这个游戏啊!自然界有太多的秘密,沙池里小小的隧道也蕴含无尽的可能。既然孩子们喜欢,何不让他们按照自己的意愿在沙池里狂舞一番呢?

“哇,听起来挖隧道可以变得超级厉害哦。我们可以去了解一下生活中的隧道,想一想,我们的游戏要怎么样才会更好玩,好吗?”

在第一次活动结束之后,我开始跟上活动的步伐。孩子们并不是说说而已,他们是真的想要好好地玩这个游戏。那么在这之前,教师应该清晰地知道游戏将要向哪里发展,让一个游戏体现它的价值。

和小伙伴们一起当隧道工程师

用了一周的时间,孩子们对于生活中的隧道有了进一步的了解,并将他们了解的隧道用绘画的形式表征出来。

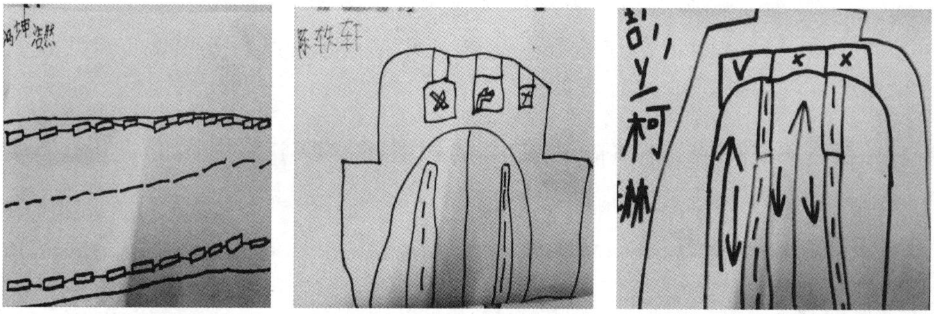

图3 幼儿眼中的隧道

从孩子的作品中,我们可以看到,他们对于隧道有基本的认知:①进入前,有指示灯告诉人们是否可以通行。②隧道里面有很多灯和方向指示箭头。③隧道有高有矮,但是大多是圆弧形。在这个过程中,孩子收获了与生活息息相关的经验。

那么再来说说我们的游戏吧。

我说:“孩子们,来分享一下隧道的秘密吧!”

科科说:“生活中有很多种类的隧道,穿山的隧道,穿城的隧道,爸爸说还有海底隧道。”

浚浚说:“穿城的地铁也是隧道的一种,爸爸经常坐地铁。”

锋锋说:“我查阅过资料,隧道是为了方便交通。”

我说:“原来隧道和我们的生活有密切的联系,那我们在沙池里挖隧道的游戏可以怎么玩呢?”(孩子们的已有经验很少,所以在谈话活动中往往会偏离轨道,这时就需要我来推大家一把)

卓卓说:“可以修城市隧道,这个肯定很好玩。”

媛媛说:“我想修穿过山的隧道,感觉好棒哦。”

郗郗说:“什么样的隧道都可以修建啊,自由选择吧!”

炫炫说:“像结构游戏一样,选一个主题来修建吧。”

我说:“什么样的主题适合我们的‘挖隧道’呢?”(大家开始有了兴趣点,是时候确定主题了)

科科说:“我爸爸讲过一个故事,古代的神仙为了拯救马车队伍,在山里挖了一个隧道。我们可以当工程师挖个隧道来拯救汽车队。”

“拯救马车队的可是神仙呀!拯救汽车队你们可以做到吗?”我质疑的语气挑起了孩子们的热情。

“当然可以!”在孩子们士气如虹的回答中,我们将“挖隧道”主题定为“拯救汽车队”。

主题的确定,让孩子们的游戏更具有情景性了。他们在想象中玩要,更具有挑战性。

“那到底怎么样才算隧道修建成功呢?”我循循善诱,希望和孩子们商量出一个适合的标准。

“隧道能通过 5 辆车就可以啦。”郗郗说。

“可是,我们没有一模一样的汽车啊。”科科说。

“可以找班上有的材料代替呀!”卓卓说。

图 4　合作测量

“用什么呢?”科科继续问。

“区角里有很多玉米骨头,可以用它们。”卓卓说。

孩子们通过讨论立了一个小目标,对于隧道的长度有了一定的要求。在这个过程中,孩子们将外延的目标内化为自己的目标。

遇到问题,我们一起解决

有了主题和小目标,孩子们的游戏再一次开始了。在玩要的过程中,他们发现可以用的工具只有铲子。大铲子不好用，沙容易垮掉，小铲子是实用的工具。

图 5　现有工具

孩子们说："老师，我们还需要其他的工具。"

我说："那你们好好地想一想什么样的工具会帮助到你们的游戏，然后把它们带来试试。"

选择适宜的材料也是一种智慧，我们让孩子们去生活中观察，寻找材料，然后迁移经验回到游戏上，便有了材料的更进。

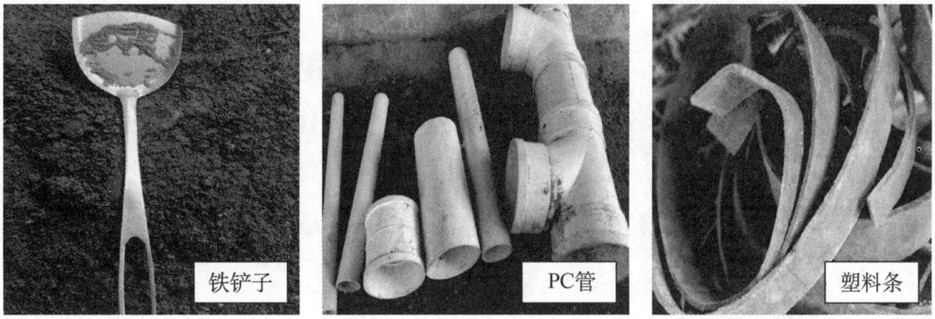

图 6　新投放的材料

有了新材料，就有了好方法。孩子们将生活中的有益经验，迁移到游戏中。

图 7　生活经验迁移(1)

浚浚说:“我的爸爸会用电钻钻洞,我也会用细长的 PC 管来钻隧道。”

图 8　生活经验迁移(2)

然然说:“工人叔叔埋管道进泥土变成下水道,我们可以埋大大的 PC 管在沙里变成地下隧道。”

原来,智慧源自平日里对生活的细心观察,玩沙的时候,孩子们将这样的“好方法”与同伴进行分享,游戏越玩越好,还有什么办法可以在沙池里修建隧道呢?

仔细观察“穿山的隧道”,孩子们也有新发现,创造了一种新的修建隧道的方法。

图 9　穿山的隧道

先利用塑料条垒高,再接通。了解沙的特性,合理的加水和拍打,让沙凝结凝固。这种方法非常棒,团队合作不一会儿就接通啦。孩子们笑逐颜开,在沙池里跳来跳去。这是属于他们庆祝的方式。

他们也去模仿“穿海的隧道”。

图 10　穿海的隧道

地下接通比较难，孩子们先选择了小铲子，尽管孩子们小心翼翼地边加水边拍打，但是隧道总是坍塌。好在孩子们并不气馁，科科模仿妈妈给植物浇水的行为，想了一个好办法。她准备了水、小铲子和 PC 管，先用 PC 管在隧道里转一转，然后在管口倒入少量的水，最后再用小铲子舀出湿润的沙子。她一直在思考，一直在进步。我想要去拥抱这群沙池里玩耍的孩子们，小小的年纪到底承载了多少惊奇的想法。

在游戏结束之后，孩子们对比修建两种隧道的难易程度，猜测其原因。“穿山的隧道”是上面尖尖的，下面宽宽的，像三角形。而“穿海的隧道”是上面宽宽的，下面宽宽的，像方形。三角形和方形相比，一个大一个小（面积），一个轻一个重。他们在游戏中尝试去探索物理现象产生的条件和影响因素。

测量的问题，我们想用大人的工具试一试

方法越来越多，隧道越修越长。新问题又产生了：“老师，这个玉米骨头不好用，你来看呀，它们藏在里面就看不到啦。”

那该怎么办呢？孩子们想了一些办法：①把玉米骨头放在隧道外面来测量。②先连接好 5 个玉米骨头的长度，再挖。③替换测量的材料。

好不容易，等来了沙池里活动的时间。孩子们来到沙池便迫不及待地行动起来。因为有很多“可以成功”的计划等待着他们去实施。

活动开始了，他们自由分组，分工合作，利用前期积累的修建隧道的有

图 11　原有的测量经验

益经验去挖隧道，很快就将隧道接通了。孩子们高兴得手舞足蹈，可是欢快的情绪还没有持续一分钟，然然就喊起来了：“老师，这个测量不公平，浚浚用塑料条测量，而我是用 PC 管测量的。”

图 12　测量工具不同产生的问题

然然的话引起了小伙伴的共鸣。大家都从喜悦的情绪中抽离出来，开始思考。卓卓说：“是呀，测量的工具不一样，我们没有办法比较长短。”

“那该怎么办呢？”我默默地问道。

科科说：“这些工具没有数字，我见过妈妈给我买裤子时测腰围的尺子，又好带，又有数字。”

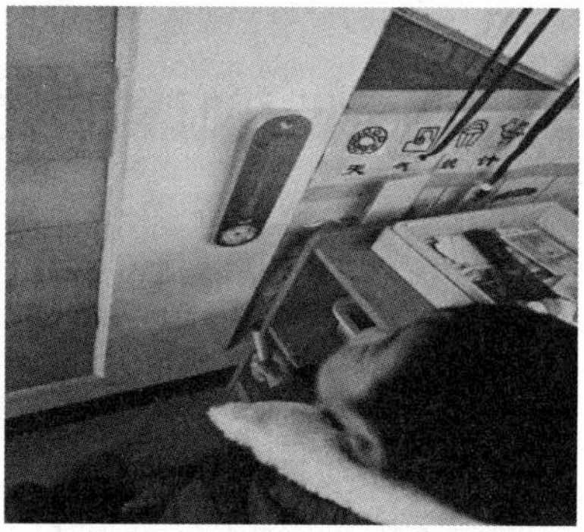

图 13　生活中的温度计

卓卓说：“我爸爸是修房子的，有很长的尺子。”

看来，孩子们已经意识到非标准测量的不准确性，那么是不是可以引入标准测量的概念了呢？

“是的，尺子可以准确地测量长度，但你们认识尺子吗？”顺着孩子们的想法，我轻声问道。

“可以啊，就和我们的晨间计划的温度计有点像。”科科说。

我特别喜欢听孩子们聊天，智慧都藏在里面。你听，他们在说生活中观察到的小细节，然后把小细节变成了打开思维源泉的钥匙。

图 14　练习测量的本领

由温度计的经验，迁移到标准的测量，孩子们在生活中尝试着测量桌子、椅子、书本。在这个过程中，孩子们收获了新的经验：物体的起点要对准刻度 0，终点的数字就是物体的长度。对标准测量的认识，为测量隧道做好了技能上的准备。

带上新材料，我们继续前进

在家长们的帮助之下，我们为孩子的游戏活动丰富了一些材料：卷尺，长木尺，皮尺，记录纸。

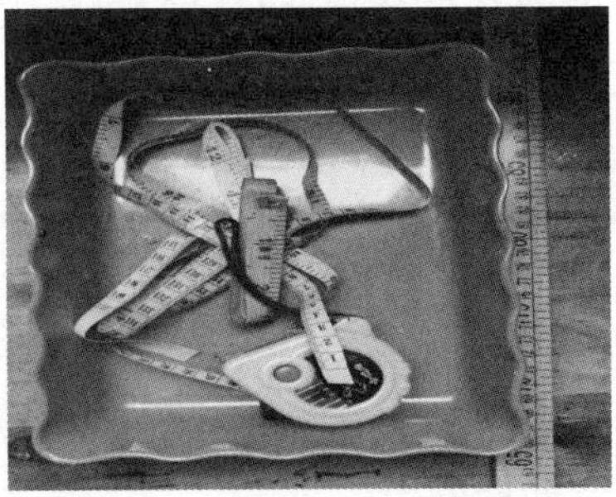

图 15　引入新的测量工具

活动再一次开始了，有了前期经验的积累，孩子们接通隧道的速度越来越快，小伙伴之间的合作也越来越默契。

当我们的测量方式发生变化之后，活动开始有了竞技游戏的味道。

孩子们用不同的方法完成了不同的隧道之后开始测量隧道的长度。在尺子的使用过程中，孩子们觉得皮尺最好用，自觉淘汰了其他的尺子。可是

图 16　边测量边记录

隧道的测量有些复杂,起点不一样,皮尺的松紧不一样,测出来的数值就会不一样。那怎么办呢? 孩子们想到了一个新方法:从地下测,固定一个点,拉直,再来数。

可是,每个小组的测量还面临着一个巨大的困难——不能准确地将数字相加,算不出隧道的总长度。

重新审视活动的发展方向。基础测量已经有所发展,但是大于 20 的 3 个数字连加,不是大班幼儿能够达到的知识技能。

依依说:“太难了,加不起来。”

萌萌说:“可能需要一个计算器吧。”

科科说:“还是一个数字一个数字的比较吧。”

当活动指向的内容超出了孩子的能力范围时,他们开始另辟蹊径(用计算器,两两比较大小)。我想这也是一种好的方式,毕竟幼儿知道什么是适合他们自己的。

“用你们觉得好的方法比较吧!”我支持孩子们的想法。

尽管我们的标准测量在实施过程中遇到了一些阻碍,但这一段经历非常重要,让孩子们自己去体验当面临解决不了的问题时,该如何选择折中的方法。

我们自己画的隧道更好玩

测量隧道之后,孩子们在记录纸上画下了自己小组的隧道形状——弯弯曲曲的。

浚浚说:“咦,这个隧道不好看,我见过很特别的隧道。”

萌萌说:“下次先设计一个好看的隧道,再照着图来修嘛!”

科科说:“这个方法好,不然我们挖的隧道都是一模一样的,太没有创意了。”

图 17　活动计划图

科科说出的“创意”两字，就像一阵春风，吹过我的大脑皮层。是的，“创意隧道”会让游戏有更蓬勃的发展。

“哇，有创意的隧道听起来就很难建，你们可以吗？”

“可以！”沙池里再一次响起洪亮而整齐的回答声。

如此一来，活动有了新的生命力。

在欣赏了不同的隧道之后，孩子们以小组为单位开始设计隧道。

但设计稿和实际修建情况相差较大，怎么会这样呢？孩子们商量着去解决这个问题，他们想是否可以先在沙地上画出设计稿的样子，再去挖。

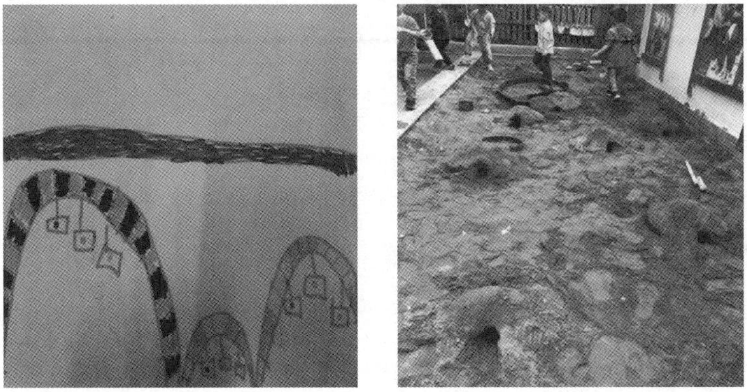

图 18　设计稿与实际场地

想,只能是想法。实践,才能得到方法。于是孩子们在修建中继续完善方法:可以先画,但是边修边看设计稿边调整更重要。

在解决了“与设计稿有差异”的问题之后。孩子们升级了他们的设计稿。这一次的设计更美观了,孩子们把自己当成了真正的设计师和工程师,在沙池里尽情地挥洒自己的汗水,“狂想”着自己的隧道。

图 19　更复杂的隧道设计

活动之后的回顾非常重要,能够让孩子们重新调整,寻找更适宜的方法。我相信在以后的活动中,他们都能够完成自己的设计稿,并且向着更复杂的设计迈进,也许未来某一天,他们真的可以用在沙池里玩耍的精神去实现自己当工程师的梦想。

古人有云:“学贵有疑,疑是思之始,学之端。小疑则小进,大疑则大进。”幼儿园有着丰富的自然资源,园内的每一处风景都可能勾起孩子们的疑问。聆听他们的疑点,提供给他们与疑问相关的活动内容,让他们抱着“我来发现,我来探索”的欲望去实践自己的想法。

所以,在每个活动开始之前,我们需要分析孩子的现有经验,了解清楚活动发展的目标。然后巧妙地把孩子们需要获得的科学关键经验隐藏在提供的活动和材料中。在幼儿活动过程中,要随时观察、了解幼儿现阶段的经验及想法,然后结合幼儿的发展需要进行相应的支持与引导,尽量让幼儿在真实的问题情境中去积极动脑筋、想办法,在不断的调试与不断的纠错过程中,获得能够内化为自己经验的知识,体验成功,感受自发游戏活动的魅力。

教师的感悟

这是一片神奇的沙池。

他们想进去看看,我们就去了。

他们想把自己的外套脱掉,衣袖挽起来,然后,去一点点的垒起沙子。

只要加点水,就可以变成各种不同的形状,完成伟大的梦想。

让我感觉回到了童年,无拘无束的日子,有亲切的朋友,有玩不完的时光。

这是一段神奇的记忆……

有欢声笑语,有闷闷不乐,有解开谜题的狂喜,也有遇到困惑的难过。目光所在之处,是一张张化不开的笑脸。

汽车好像已经开始上路了,有的传来嘀嘀声,有的飞快地驶过……

这些隧道,好像有点儿不一样,有一路向北的,有的长长会拐弯……

我拿起相机,为孩子们留下精彩的时刻,也勾起了我的童年记忆。

谁的童年没有玩过沙子呢?

谁的童年没有狂舞一番呢?谁又不想是个工程师呢?

走进去看看吧,

我亲爱的朋友,

说不定你就爱上了呢,

还爱得无法自拔。

那是一片神奇的沙池。

你听,他们的狂想曲还在继续唱着!

专家
点评

《幼儿园教育指导纲要(试行)》指出:“教师直接指导的活动和间接指导的活动相结合……”在游戏活动中,教师的指导以间接指导为主。间接指导即教师为幼儿提供必要的支持,辅助幼儿自己解决问题。教师给予的支持可以是充足的时间、宽阔的空间、肯定和鼓励、丰富的材料、相关的经验、提出有价值的问题等。在成都市蒲江县南街幼儿园提供的“沙池里的隧道狂想曲”课程故事中,教师没有帮助幼儿解决任何一个问题,而是为幼儿提供了多次玩沙的机会,与幼儿共同寻找、收集了PC管、竹条、大铲、小铲、尺子、玉米棒等材料和工具,在不同阶段为幼儿提出了可以启发思考、引发探索的问题,为幼儿提供与隧道相关的经验调查与收集等。本案例体现了教师作为支持者和引导者的角色。

本案例也明显体现了经验对游戏启动与推动的作用。挖隧道源于沙池旁边的植物迷宫里新添置了钻隧道的大型玩具,对隧道结构要素的认知源于对生活中隧道的调查,挖隧道游戏主题“拯救汽车队”源于科科爸爸讲过的“拯救马车队”的故事,使用PC管钻隧道源于浚浚对其爸爸会使用电钻钻洞的经验,把粗PC管埋在地下建造隧道源于然然曾见到过工人叔叔埋管道在地下变成下水道,科科往管道口倒入水冲刷管道源于模仿其妈妈给花浇水的行为……可见,在游戏发起和推进过程中,经验均起到了积极的作用:旧经验诱发了新经验,新经验解决了新问题,新问题的解决发展了新能力。因此,学会帮助幼儿丰富经验、探索经验,是区域活动指导的重要方式。

(南京师范大学　原晋霞)

给幼儿园最棒的生日礼物

福建省厦门市实验幼儿园　钟萍萍

持续时间:2016 年 4 月至 2016 年 6 月

年龄段:大班

缘起

厦门市实验幼儿园的 30 岁生日快到了,大班的幼儿想要送个礼物给幼儿园。我们意识到,这是幼儿归属感的表现。三年的时光,幼儿对幼儿园有着浓厚的情感,他们很想为幼儿园这个大家庭做事。于是,我们组织幼儿讨论,大家争先恐后地表达自己的想法。

嘉嘉说:"我想送玩具!"

烁烁说:"我想送生日蛋糕!"

彤彤说:"我想送贺卡!"

晨韵说:"我想做个滑梯送给幼儿园!"

小禹说:"对,送滑梯!"

教师问:"为什么你们想送滑梯呢?"

晨韵说:"因为每次消防演练时,二楼、三楼好几个班级都从一个楼梯下楼,太挤了,如果能有一个从二楼直接到一楼的滑梯,那该多好!"

多么特别的生日礼物!晨韵的想法立刻得到大家的热烈呼应。看到幼儿如此高涨的兴趣,我们决定支持幼儿的想法。于是,幼儿开始了一系列的"滑梯探索活动"。

最初的设计

1. 我们的设计图

晨韵在美工区把自己的想法画了出来,于是第一份滑梯设计图诞生了。这是一座跃层滑梯,连接着班级的阳台和一楼的操场。这个设计图一出来,就受到了大家的关注。

彤彤说:"这个滑梯好酷啊!"

小彦说:"对啊,这样我们就可以直接从二楼滑到一楼,太好玩了!"

嘉嘉说:"这太高了,我觉得有点危险。"

程程说:"能不能做弯弯的滑梯?"

烁烁说:"这也太难了!"

程程说:"可是很好玩呀!"

图 1　最初的设计

思考:幼儿是最大胆的设计师,做一个从二楼阳台到一楼草地的滑梯,是幼儿自发的奇思妙想,这一想法也得到了同伴的积极响应。但是从想象到现实还有一定距离,难能可贵的是,幼儿在讨论中逐渐提出了一些问题:跃层滑梯的安全性、造型、建造方法等。

幼儿对建造滑梯有很多想法,但是不知道怎样落到实处。所有的创造都是从模仿开始,因此教师可以组织幼儿先去参观幼儿园的滑梯,帮助幼儿丰富有关滑梯结构、造型等方面的经验。

2. 参观幼儿园的滑梯

区域活动中,幼儿又围在一起讨论建滑梯的事情。

烁烁问:"要怎么建滑梯呢?"

教师问:"哪里有已经建好的滑梯呢?"

晨韵说:"幼儿园里就有,我们可以去看看幼儿园的滑梯!"

程程说:"同意!"

于是,幼儿纷纷行动起来,带着笔、纸、画夹等来到操场观察滑梯。只见他们三三两两地围着滑梯，有的边看边摸，有的和旁边的伙伴们讨论着滑梯的结构与造型。

烁烁说："滑梯上面高，下面低。"

小彦说："滑梯要有一个楼梯，小朋友可以爬上去。"

晨韵说："滑梯有一个底座，让小朋友站在高的地方，然后再滑下来。"

观察、讨论后，幼儿对滑梯有了新的认识，开始着手设计滑梯。

图 2　观察滑梯(1)

图 3　观察滑梯(2)

图 4　滑梯模型设计图

思考：通过实地观察，幼儿认识到滑梯由底座、楼梯、滑道三个主体部分组成，对滑梯的结构与外形特征有了进一步的认识。

从第二次的设计图来看，幼儿对滑梯有了更为准确的认识，如何支持幼儿从平面设计到立体建筑的转换？我们可以通过做实验、建构游戏来帮助他们发展立体思维，做到教师心中有数，由简单到复杂，层层递进，让孩子的学习真正看得见。

初搭模型

1. 我们建模型

教师说："观察滑梯后，你们有很多新的想法，而且把想法变成了设计图，接下来你们想怎么做呢?"

小彦说："老师，我觉得可以先做一个模型，我爸爸带我去看房子就是先看一个模型。"

教师说："这是个很棒的主意。可以用什么材料来做模型呢?"

幼儿纷纷表达自己的想法：花片、积木、纸箱等等，最后幼儿决定进行一次滑梯的模型建构。

结构室里，幼儿根据设计图专注地搭建模型。

烁烁自言自语道："如果玩的人多，一个滑梯就太挤了，要两个。"

程程和小昊在讨论："我觉得可以架个木梯。"

图 5　初搭滑梯模型

第二天一大早，幼儿围着作品展示台介绍着自己制作的滑梯模型。

小昊说："我的(滑梯模型)是用花片做的，一边是楼梯，一边是滑道。"

烁烁说："我的滑梯上有两条滑道，可以让更多的小朋友玩。"

小安说："我做了转盘障碍，这样更好玩。"

嘉嘉说："我是用纸箱做(滑梯)底座，筷子做楼梯。"

晨韵说："我的滑梯有三条滑道呢，两条管道滑道和一条直线滑道。"

教师问："你们做的滑梯各不相同，但是每条滑道都能滑吗?"

幼儿纷纷回答:“我的可以,我的可以……”

教师说:“那就试试看吧!”

思考:从设计图到模型,幼儿迁移了生活中见过的房子模型的经验,在制作滑梯模型的过程中,表现出浓厚的兴趣。更值得注意的是,幼儿不仅尝试将平面图转换成立体模型,发展空间思维,还在展示、交流环节,收获了满满的成功感。

幼儿已经在平面思维到立体思维的转换上迈出了第一步,但是每一个模型都成功了吗?滑梯模型的细节是否需要进一步推敲?因此,教师通过“每条滑道都能滑吗”这一启发性问题引发幼儿对滑道材质的关注,支持幼儿更深入地开展探索活动。

2. 弹珠滑行失败了

幼儿从操作区找来了弹珠,用弹珠在他们的滑梯模型上开始了“滑行实验”。

烁烁说:“耶!我的(模型)成功了,弹珠滑下来了。”

晨韵说:“我的也是,我的也是!”

小昊说:“我的弹珠从滑道中间的洞掉下来了。”

小安说:“我的也失败了,弹珠卡在滑道上了。”

教师问:“为什么有的弹珠能顺利滑下来,有的却失败了呢?”

小昊说:“我的滑道上有个洞,所以弹珠就会从洞里掉下来。”

小安说:“我的滑道上没有洞啊,但是也失败了。”

教师问:“你的滑道和晨韵的滑道有什么不一样呢?”

幼儿把两座滑梯模型放到了一起,仔细观察着二者的不同。

晨韵说:“我知道了,我的滑道是木板做的,木板平平的。小安的滑道是用积塑做的,一格一格的,像台阶一样。”

小安用手摸了摸,说道:“好像是这样,你的滑道摸上去是滑滑的,我的是凹凹凸凸的。”

嘉嘉说:“对啊!真正的滑道也是平平滑滑的,如果凹凹凸凸,我们滑下去时屁股肯定会很痛的。”

小昊说:“花片和拼插积塑搭出来的滑道就是会有洞、凹凸不平的。”

烁烁说:“那这些材料就不适合制作滑道。”

教师问:“什么材料适合呢?”

晨韵说:“我觉得木板就可以啊,因为它是平平的。”

彤彤说:“纸筒、纸皮应该也可以。”

小彦说:“还有结构区的透明板……”

嘉嘉说:“只要平平的、滑滑的材料应该都可以吧!”

幼儿找来积木、纸筒、纸箱、硬纸板、有机板等材料,他们打算用新材料再次制作滑梯模型,解决滑道的问题。

小安说:“我的滑道已经不是凹凹凸凸的了,弹珠应该不会卡住了。”

小安说完,便取来弹珠进行验证。

小昊说:“可是我的弹珠没滑到底部就从中间掉下来了。”

烁烁说:“是啊,如果是小朋友在(滑梯)上面玩,半道掉下来会受伤的。”

嘉嘉说:“用栏杆拦住!”

小安说:“对! 滑梯的滑道两边就有高高的栏杆。”

烁烁说:“我知道,这个叫作护栏,是保护小朋友安全的。”

小昊说:“我的滑梯好像少了护栏,难怪弹珠会掉下来。”

烁烁说:“那我们赶快把护栏加上去吧。”

小昊和烁烁用卡纸包在了滑道的两边,变成护栏。完成之后,我请他们分享遇到的问题和解决方法,其他幼儿也开动脑筋,争相效仿,于是各种形状的护栏出现了:平行直立的、半包弧形的、全封闭式的……滑梯的安全系数得到了进一步提升。

图 6　制作护栏

图 7　再搭滑梯模型

思考：通过弹珠滑行实验，幼儿发现了部分模型的滑道材质存在问题，他们通过比较、运用多种感官观察等方式，动手动脑寻找问题的答案，根据观察结果提出凹凸的材料不适合做滑道、平滑的材料更适合做滑道的猜想，并寻找相应的材料验证了自己的猜想。而后，幼儿又从"弹珠一直半途掉落"的问题出发，通过书本、视频及实地观察了解到护栏的作用，自己制作护栏，在护栏造型上有创造性的表现，且从探索中感到兴奋和满足。可以看出，幼儿在这一过程中，通过不断地思考、实验，发展了归纳、演绎等逻辑思维，展现出科学探究的良好素养。

幼儿在一次次的探索中，对模型已进行了多次修正。教师认识到，幼儿的愿望是送一个滑梯给幼儿园，这个滑梯能帮助幼儿快速地从二楼滑到一楼，那么对于滑梯的稳固性等因素应有进一步的要求，但是目前的小型模型还无法让幼儿意识到这些因素，进而展开深入探究。所以教师提出"哪一种模型可以让小朋友坐着滑下来"这一问题，鼓励幼儿制作大型的滑梯模型，以更好地探究滑梯的细节。

再搭模型

1. 合作搭建大型滑梯

幼儿的模型作品摆满了展台。他们经常聚在一起讨论彼此的作品，兴致盎然。

教师问："现在，你们的滑梯模型可以让弹珠顺利滑下来，可是哪一种模型可以让小朋友坐着滑下来呢？"

小昊说："那要做一个很大的模型。"

晨韵说："对啊，还需要很长很长的滑道。"

小彦说："我想做！"

晨韵说："那我们一起做吧，做长长的、直直的滑道。"

烁烁说："你们做直道滑梯，我们就做弯道滑梯。"

小禹说："我要加入弯道组！"

不一会儿,幼儿就自发地分成了两组:一组建直道滑梯模型,一组建弯道滑梯模型。

教师问:“你们分组后,打算怎么分工呢?”

嘉嘉说:“建大型滑梯,需要有人拿材料,有人来建。”

小禹说:“我们需要纸盒、纸板、纸筒……需要的东西很多,要有几个人帮忙。”

小安说:“我是男生,我来帮忙拿吧!”

晨韵说:“那我来搭,我可以先搭底座。”

嘉嘉说:“我负责滑道。”

商量后,幼儿就忙开了,有的取材料,有的搭底座,有的做滑道……

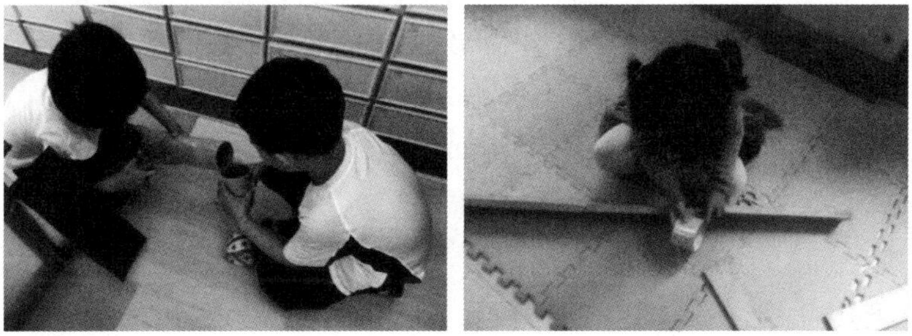

图8　合作搭大模型

图9　滑梯模型的底座倒塌了

制作过程中,幼儿发现,用易拉罐来搭滑梯底座,底座很容易倒塌,滑道也从底座上掉落。

早早说:“是不是易拉罐太小了,不牢固?”

程程说:“可能是因为滑道没有摆放好,往上移一点,应该就不容易掉了。”

烁烁说:“可是滑道往上移的话就会突出一个角。”

幼儿尝试了自己思考的办法,可是仍然没有解决问题。教师观察到这一情况后,在区域提供公园、游乐场的滑梯图片和视频,让幼儿寻找问题的答案,并鼓励他们通过多种方式记录自己的发现。

思考:在搭建过程中,幼儿能综合运用现有的材料、工具,展现出良好的探究能力。此外,幼儿出现了分工与合作,遇到底座倒塌的问题时,没有气馁,能一起想办法积极解决,获得了良好的社会性发展,展现出了不怕困难、敢于探究和尝试等良好学习品质。可以看出,幼儿的解决方法是以已有经验为基础,但是幼儿缺乏如何使滑梯更加牢固的相关经验,所以他们没能解决这一问题。

在整个讨论中,教师更多地在观察、记录,较少通过言语去干预幼儿的思路,但这并不意味着教师只是一味"放任自流",没有发挥相应的教育作用,而是在必要时,通过观察适时提供有益帮助,引导幼儿自主去寻找问题的答案,推进问题的解决和活动的进展。

图 10　我们的发现

2. 让滑梯变牢固

幼儿通过观察滑梯,发现了让滑梯变得牢固的秘密,并将自己的发现用符号、图画、照片等形式记录下来。

晨韵说:"我发现滑梯的每个部分都要固定,底座下面还要用铁柱子固定。"

早早说:"我还发现,滑梯的底座有的是用塑料做的,有的是用铁做的。"

烁烁说："对，小象公园的滑梯是石头做的，就很牢固。"

嘉嘉说："或许我们需要一个牢固的底座。"

小禹说："对，我们之前的底座太小了。"

早早说："而且纸盒还软软的，积木滑道放上去就把纸盒压扁了。"

教师问："什么样的底座比较牢固呢？"

彤彤回答道："底座要大一点。"

嘉嘉说："还要重的，要不风一吹就倒掉了。"

晨韵说："还要坚硬一点的，不会被压扁。"

第二天，幼儿收集了各种底座材料：篮子、纸箱、大型积塑、方形柜等，他们用积木滑道逐一进行实验。通过实验，幼儿发现纸箱、方形柜这类又大又重又坚硬的材料，比较适合做底座。

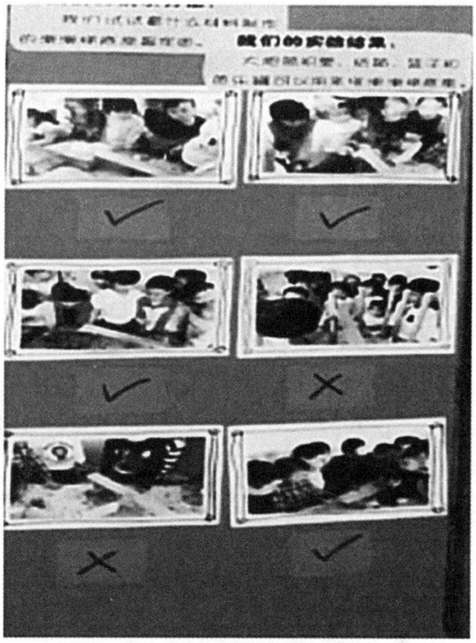

图 11　寻找合适的滑梯底座

实验后，幼儿运用这些材料搭建滑梯底座，可是新的问题出现了：这些材料虽然比较牢固，但是高度不够，而层层垒高的方式又会让底座变得摇摇晃晃，致使滑梯倒塌。这一问题困扰着幼儿，但是在一次户外活动时，他们有了新的发现。

晨韵说："大家快来看，这里有个大架子。"

小彦说："这个架子这么大，可以做一个大大的底座。"

烁烁说："这个架子不会摇摇晃晃，应该挺安全的。"

于是幼儿把大架子搬到教室里，变成直道滑梯的底座。他们用双面胶、透明胶将滑道和底座固定起来，为了增强稳固性，他们还用椅子支撑滑道。

图 12　大型滑梯模型

而弯道滑梯组，吸取了直道滑道组搭底座的经验，找到了木架作为底座。起初，他们用纸筒来制作滑道，把一个个纸筒用透明胶粘起来，变成一条长长的滑道，再把滑道固定到底座上，但是他们发现纸筒没办法拐弯，不像是一条弯道滑道。于是，孩子们又重新寻找适合的材料。在散步时，他们发现空调的管子弯弯的，是用弯管制作的。他们也找来了弯管模拟弯弯的滑道，让弯道自上而下地缠绕底座，并用透明胶加以固定。

做完后，孩子们还用梯子、木板、攀爬垫、“钻洞毛毛虫”等材料做了真正能让小朋友滑下来的小型滑梯，他们在上面玩了起来，边玩边说：“太好玩了！接下来，我们还可以请建筑师们帮忙建更高的滑梯。”

图 13　我们设计的滑梯真好玩

思考：在探索如何使滑梯更加牢固的过程中，幼儿自主在区域中观察滑梯照片和视频，寻找问题的答案，并能用图画、照片、符号等表征形式进行记录，进一步发展了探究能力。在讨论环节，幼儿学着分析滑梯倒塌的原因，得出"又大又重又坚硬的材料适合做底座"的初步结论。在再次搭建中，新的问题出现了，但是他们仍以积极的态度去找寻解决问题的办法，最终搭出了两座真的能让小朋友滑下来牢固的滑梯。在整个探究的过程，幼儿展现出积极主动、不畏困难、敢于探究和尝试等良好的学习品质。

我们通过提供有关滑梯的照片和视频，引发幼儿与材料的互动，在互动中获取解决滑梯稳固性问题的经验，这一方法被幼儿证明是行之有效的，幼儿丰富了自己的经验后，果然想出了诸多解决办法，并经过讨论、试误，找到了最适宜搭建底座的材料。现在，滑梯大模型已初见成效，但是孩子们想做的是跃层滑梯，除了模型还需要哪些材料？这个问题是我们和幼儿接下来要去思考和解决的。

3. 滑梯有多高

教师说："我们有设计图、模型，想让建筑师建更高的滑梯，但那是多高呢？"

图 14　跃层滑梯有多高

晨韵说："就是从班级阳台到一楼操场那么高啊。"

小彦说："那是多高？"

晨韵说："我也不知道，不过我们可以拿尺子来量量看。"

晨韵从班级拿来尺子，可是一比，发现尺子太短了，量不了。

教师说："尺子太短量不了，那可以用哪些东西来测量呢？"

早早说："可以拿长长的绳子伸到一楼来量。"

烁烁说："管道积塑可以拼接成长长的管子，应该可以量。"

小彦说："跳绳也可以。"

教师说："绳子、管道积塑、跳绳都是很好的工具，那么要怎样测量呢？"

程程说:“阳台做起点,楼下操场就是终点。”

晨韵说:“我们可以合作,有的人在上面把绳子垂下来,有的人在楼下记录终点。”

小禹说:“我们可以先把管道积塑拼接起来,再从楼上放下去。”

讨论后,幼儿拿来管道积塑、毛根、扣链、跳绳等材料,逐一测量。

程程说:“我们先用管道积塑来试试吧。”

晨韵说:“小禹,你们把管道积塑拼好,我和烁烁到楼下记录终点。”

小禹说:“坏啦,管道积塑断了。”

程程说:“管道积塑拼起来不够紧,容易断掉。”

烁烁说:“那我们换跳绳吧,把绳子扎得紧一些。”

程程说:“耶! 成功了,原来(二楼阳台到一楼操场)有 2 根跳绳这么高!”

教师问:“2 根跳绳有多长?”

烁烁说:“不知道呀。”

程程说:“我们用尺子量出绳子的长度,再相加就知道了。”

经过测量,幼儿得出,1 根跳绳的长度约等于 10 把尺子的长度,所以滑梯的高度是 20 把尺子的长度。

思考:在探索滑梯高度的过程中,幼儿使用了自然测量的方法,他们先是根据自己的经验,选用了管道积塑、毛根、扣链、跳绳等材料,经过不断地试误,最后决定用跳绳测量,并通过测量得出“滑梯高度=2 根跳绳的长度=20 把尺子的长度”的结论。通过探索,幼儿学会了如何选择测量工具、如何测量未知的高度,用数学的方法解决生活中的问题,并从中体验到乐趣。

幼儿在不断的探索中,形成了标有具体数据的设计图、滑梯大模型,我们想,这真的是给幼儿园最棒的生日礼物了! 幼儿迫不及待地想把这份礼物送给幼儿园,可是什么时候送呢? 怎样介绍这份礼物呢? 我们开始了新的思考。

图 15　测量高度

最棒的礼物

1. 最佳滑梯评选和滑梯展示会

设计图和滑梯大模型都已经完成了,可是还有个问题困扰着幼儿:到底要选哪一组的滑梯模型呢?幼儿经过讨论,决定开展一场最佳模型评选活动,请每组小朋友介绍自己的作品。

程程说:“我们这组设计了两条滑道,这两条都是直线滑道。”

晨韵说:“对,我们底座是攀登架,小朋友可以钻过攀登架,再从右边滑道滑下来。”

烁烁说:“我们组设计的这条滑道是绕着柱子转的,它是一条管道滑道,可以保护大家的安全。”

每组介绍后,幼儿为他们心目中的最佳滑梯投票,最终烁烁所在小组的管道滑梯模型获得了最多票数。

教师问:“你们为什么喜欢管道滑梯呢?”

彤彤说:“烁烁他们组的管道滑道幼儿园没有。”

小安说:“绕着柱子滑下来,应该很好玩吧!”

嘉嘉说:“我们要从二楼滑下来,管道滑道可以保护我们的安全。”

教师说:“看来你们真的很喜欢管道滑梯,那我们就把这个模型和设计图一起送给幼儿园吧! 你们想怎么介绍这份特别的礼物呢?”

小安说:“我想向园长妈妈介绍滑梯模型。”

小舒说:“我想介绍设计图。”

嘉嘉说:“我要表演滑梯底座散架然后又搭好了(的过程),我要和几个小朋友一起表演。”

小定说:“我要表演我们是怎么固定滑道的。”

小禹说:“也可以把我们测量滑梯高度的过程表演出来。”

教师说:“你们的想法太棒了,我们制作模型的过程中经历了很多困难,我支持你们把这些过程都展示出来。”

孩子们决定开展滑梯展示会,他们商量着分了组:有的负责介绍滑梯模型,有的负责进行情景表演,他们分配角色、布置场地、演练彩排,还时不时请老师帮忙看看表演得怎么样。

展示会上,幼儿自信满满地展示了探究滑梯模型、修改设计图的过程,还把标明数据的设计图送给了园长妈妈,他们的表现博得了经久不息的

图 16 滑梯展示会

掌声。

思考: 因为幼儿全程参与了整个探究过程,有非常丰富的体验和感受,所以在最佳滑梯评选环节和滑梯展示会上他们每个人都有强烈的表达欲望,而满溢的成就感也让他们迫切地想介绍自己的作品,在评选、展示环节,他们不仅自信大方、表述完整,而且互相补充、共同合作,让我们甚为感动和惊叹!

从滑梯的设计初稿,到搭建小模型、搭建大模型、测量滑梯高度,这一过程中,幼儿亲历了许许多多的困难,但是他们始终没有放弃,不断寻找解决问题的途径。经过这一系列活动,我们也更加深刻地认识到,幼儿是"会思考的学习者""爱表现的创造者",那么我们教师就应是幼儿学习的支持者、幼儿游戏的合作者,成为幼儿的智慧大玩家,帮助幼儿实现梦想。

2. 滑梯建成啦!

园长妈妈在滑梯展示会上收到了幼儿送给幼儿园30岁生日的特殊礼物,听了幼儿探究滑梯模型的故事,非常感动,经过园务会讨论,决定将幼儿的想法变成现实。暑假,根据幼儿的设计图,一座从二楼阳台到一楼操场的滑梯出现在美丽的厦门市实验幼儿园。

图17　幼儿的设计图

图18　建成的滑梯

幼儿园还邀请已经毕业的滑梯设计者们利用放学时间回到幼儿园,在自己设计的滑梯里游戏。"哇!我们的滑梯真的做好了!""我们的梦想真的实现了!”“我觉得太好玩了!”幼儿一遍又一遍地玩着滑梯，兴奋、喜悦溢于言表。

图 19　梦想实现了

离别时，烁烁对我说:“今天真的是我最幸福的一天，因为我们的梦想实现了!”幼儿回家后还与家长兴奋地分享自己的感受。家长们激动地在群里、朋友圈里写道:我们看到了幼儿的成长!

图 20　家长的肯定

教师的感悟

在滑梯这个项目活动中,幼儿的各项能力都获得了发展。

(1) 能够按照自己的想法来设计、制作、修改滑梯模型。

(2) 在制作的过程中,能与同伴分工合作,学会与同伴协商,接纳同伴的想法。

(3) 遇到问题时,能够通过观察、实验、调查、记录等方式分析问题的原因,迁移生活中的经验,寻找解决问题的办法。

(4) 具有良好的学习品质:积极主动、认真专注、不怕困难、勇于尝试和探究、乐于想象和创造。

作为教师的我,也受益匪浅。我不仅学会了观察幼儿,了解幼儿的需要,引导幼儿学会发现问题、解决问题,学会了思考,更重要的是我找到了作为一名幼儿教师的幸福感,尤其在听到幼儿说“这真是我最幸福的一天,因为我的梦想实现了”这样稚嫩且充满成就感的话时,我的内心充满了幸福感。有孩子们的进步和幸福的表情、有家长的肯定和幼儿园的支持,我想这就是教师的幸福吧!

教师始终尊重和保护幼儿的好奇心和学习兴趣,不断引导幼儿发现问题、积极思考、解决问题,帮助幼儿实现自己的想法。这些做法也得到了家长的热烈支持,他们看到了幼儿园教育的质量,充分肯定我们的主题探究活动,赞扬了幼儿园“一切为了幼儿”的教育理念!

专家点评

厦门市实验幼儿园分享的《给幼儿园最棒的生日礼物》的课程故事有很多亮点。

第一，这是一个典型的STEM案例，其中孩子们发生了持续深入的学习。在这个课程案例中，孩子们经历了商定送幼儿园什么生日礼物，绘制讨论修改设计滑梯图纸，探索搭建安全的小型滑梯模型，搭建真正可以滑的稳固的滑梯，实地测量完善滑梯建造方案，最后召开展览会，评选最佳方案等过程。孩子们进行了持续近三个月的探索，通过探索，获得了对材料、空间、工具的认识，获得了测量、比较、协商及问题解决的能力。

第二，教师是孩子们活动的支持者和引导者。教师重视孩子们的探索，给予充足的时间、空间、材料和必要的经验支持，通过提问、提建议等方式，不断推动活动的发展。

其实，这个故事让我觉得了不起的是园长真把孩子们的"礼物"当回事，真的让设计图和模型变成了实实在在的滑梯。我想，通过这个活动，孩子们最大的收获恐怕不是学会了比较、测量，提高了解决问题的能力，而是获得了对自己作为主动的生活改变者的新身份的觉醒。相信这个事件和厦门市实验幼儿园将会载入这批孩子的生命历程，无论未来的学习与生活多么艰辛，他们一定有勇气和信心积极面对！

在《促进儿童权利——儿童权利公约培训手册》中，根据参与度由低到高，儿童参与被分为八个阶梯，分别是：操纵；装饰；表面文章；分配任务给儿童并告知儿童；征询儿童意见并告知儿童；成年人发起并与儿童一起做出决定；儿童发起并由儿童自己决定；儿童发起，并以主体身份邀请成人共同决策。在该故事中，儿童的参与等级近乎达到最高等级。期待这类活动越来越多！

（南京师范大学　原晋霞）

与水管约会

四川省成都市蒲江县北街幼儿园　何　涛　王红宇

持续时间:2017 年 4 月至 2017 年 6 月

年龄段:大班

缘起

水管建构材料是北街幼儿园开发的新玩具。在孩子们与水管的亲密接触中,教师发现水管玩具并没有想象的完美,它的结构不够合理,无法全面支撑孩子们的搭建需求。尽管如此,孩子们对水管建构游戏还是表现出极大的兴趣,很快投入到游戏中。水管材料虽然不是完美的,但只要孩子们喜欢玩,它就有其价值所在,只要教师善于利用,就能最大限度挖掘它的价值。我们期待孩子们与水管的约会!

图 1　搭建迷宫

图 2　搭建烧烤架

对于水管材料,教师应该关注什么呢?传统观念中,水管作为建构材料,教师当然要关注孩子的建构水平,但如果教师把关注点局限于幼儿建构游戏水平这一结果上,可能水管这一资源带给孩子的发展是有限的。

生活教育不仅体现在让幼儿在生活中学会生活，还体现在对生活资源的高效利用，凡是能给孩子带来发展的资源都应该拿来利用。所以，我们把教育的视野放得更宽广，关注到水管这一资源中所有有价值的因素，陆续开展了系列活动。

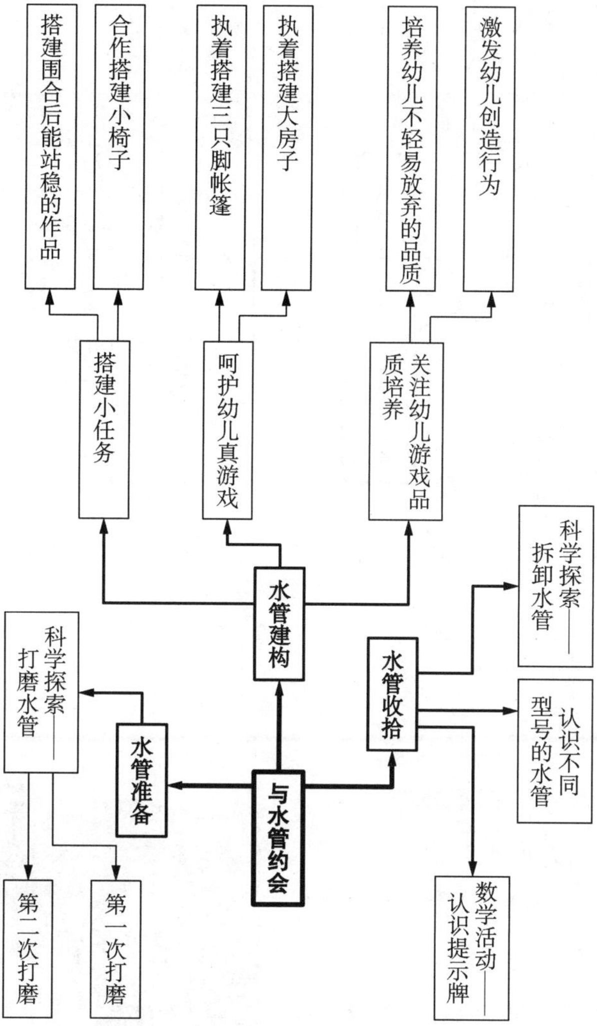

图 3　活动脉络图

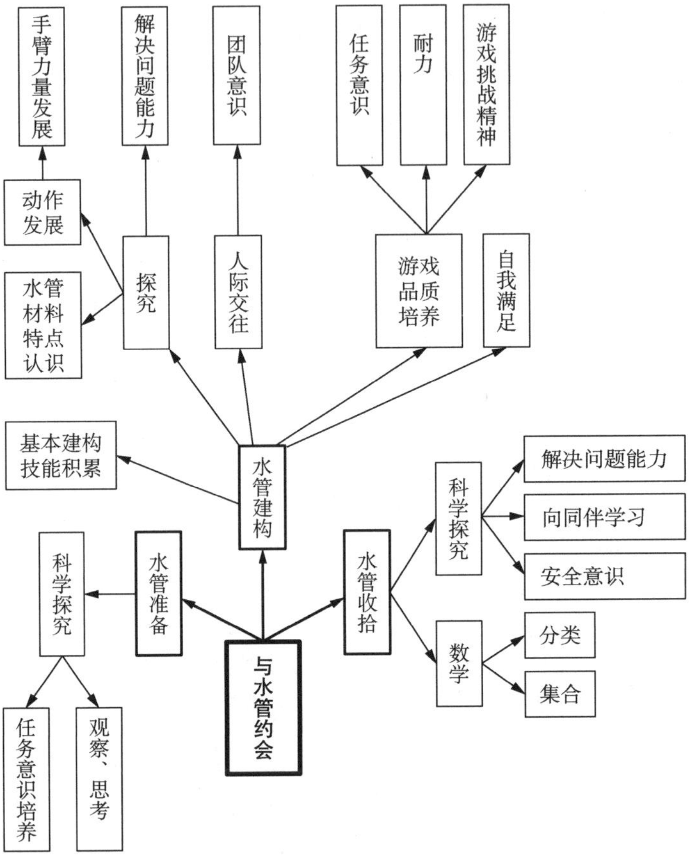

图 4　主要经验脉络图

水管准备

1. 科学探索——打磨水管

(1) 第一次打磨水管。

从水管厂运回的打孔的水管很粗糙,使用前需要打磨光滑。我班幼儿虽然没有学习过打磨,但动手能力强,所以对他们而言,打磨水管难度不大。本着孩子能做的事尽量让孩子做的原

图 5　观看砂纸

则，我们开展了打磨水管的活动。我们抓住砂纸材料这一资源确定了活动目标：①发现砂纸的结构与功能之间的关系。②认真把水管打磨光滑，有初步的任务意识。

奇特的砂纸激发了孩子们主动探索的愿望，他们边看边摸。远远发现纸上有很多小石头，还给砂纸改了一个名字，叫石头纸。

• 硬硬的砂纸是拿来裹在水管上保护水管不被弄坏的

由于没有实践经验，在猜砂纸作用时陈芋洁说："硬硬的砂纸是拿来裹在水管上保护水管不被弄坏的。"我询问其他孩子的意见时，居然所有的孩子都认同这个错误的经验。

怎么应对这个错误的答案？我没有急于告诉孩子们答案。孩子的经验是来源于实践的，相信孩子经历了打磨水管的过程后一定会找到答案。《指南》强调，幼儿园的教育要以幼儿的直接经验为主，这个错误的答案也让我感受到直接经验对孩子非常重要。

• 拿这个纸擦屁股

纡峰幽默地说："拿这个纸擦屁股。"所有孩子都哈哈大笑。这个故意搞笑的孩子是一个非常幽默的孩子，他的笑话指向的是砂纸的作用。我顺着孩子的笑话追问："如果用这个纸擦屁股，会发生什么情况？"孩子们纷纷说，会把屁股擦红，会擦流血。我及时拿出擦屁股的卫生纸，让孩子们比较讨论，孩子们再次感受到两种纸的不同。在比较中他们对这种硬硬的砂纸的兴趣更浓了。

图 6　比较砂纸和卫生纸

• 原本光滑的水管表面打磨后不光滑了

当教师拿出水管请孩子们用砂纸打磨水管上的小孔时，孩子们迫不及待地操作起来。刚开始拿到砂纸时，几乎所有的孩子都把砂纸展开，大面积擦水管，只有可儿是用食指把砂纸伸进小孔打磨的。不出所料，一些幼儿陆续把原本光滑的水管表面打磨得不光滑了。

这个现象反映出孩子们做事不够细心，缺乏观察、思考的习惯。教育应该教给幼儿学会观察、学会思考、学会有计划地做事。于是我开始引导幼儿用手摸水管打孔的地方，感受它的粗糙，并思考：我们为什么要打磨水管？我们应该打磨哪些地方？为什么？怎样才能保护好水管上本来就光滑的地方？

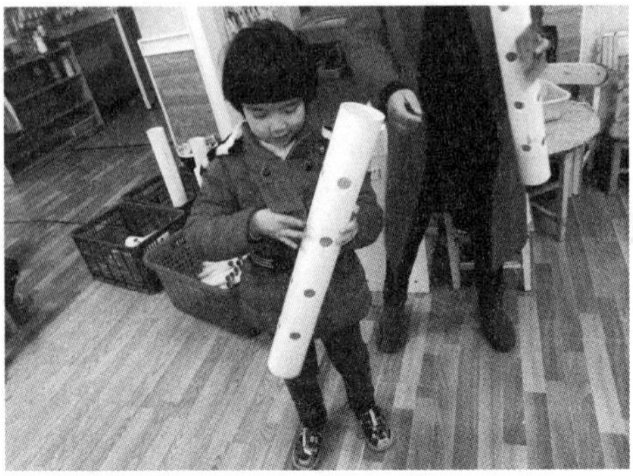
图 7　把砂纸塞进小孔打磨

清楚自己的任务后，孩子们打磨水管的方法有了很大的变化，有的孩子小心地把砂纸用食指塞进小孔打磨，有的孩子把砂纸卷成筒状塞进小孔转动。

通过操作，孩子们感受到了砂纸的结构与功能之间的关系，也增强了自己的任务意识。

(2) 第二次打磨水管。

• **只选孔少的水管打磨**

孩子们有了打磨水管的经验后，幼儿园提供了更多的水管给孩子们继续打磨。大班孩子有了较丰富的数数经验，于是我们鼓励幼儿自己统计打磨的水管数量，看看谁打磨的水管更多。在清点幼儿打磨水管数量时，细心的姚老师发现，优优和几个孩子只找一个孔或者两个孔的水管打磨，而更多的孩子是随意选取水管打磨。

图 8　选孔少的水管

发现孩子的小聪明后，我们几位老师不仅觉得搞笑，更为孩子高水平的经验而感到震撼。孩子们已经能把打磨水管的数量与水管上小孔的数量建立起准确的联系：水管上的小孔越少，打磨的水管数量就可能越多。统计数量的初衷是为了培养幼儿的时间观念，高效做事。显然统计水管数量的策略无法引导幼儿达成高效做事这一目标，于是我调整了策略：统计谁打磨的小孔数量最多。

- **数不清有多少个小孔**

自从统计小孔数量后，很多孩子主动数小孔，主动合计小孔的总数。我问浩宇打磨了多少个小孔，浩宇边想边说："加上先前的，我一共打磨了 17 个小孔。"我问："你之前打磨了几个？"他说 9 个，他手上的水管有 8 个小孔。浩宇计数是很清晰的。

我又问智睿打磨了几个小孔，智睿翻转着水管，数了两次也没有数清楚。这时可儿走来帮助智睿，两个两个地数，一共有 6 个孔。最后，智睿在可儿的帮助下数清楚了小孔的数量。

数水管小孔的数量并不简单。小孔分散在水管上，需要孩子了解每种型号水管打孔的位置，还需要孩子有顺序地数，不漏数，不重复数。可儿找到了立体四通接头打孔的规律（都是两个孔），用两个一起数的方法确定了小孔的总数。鼓励幼儿统计打磨的小孔数量，目的是帮助幼儿积累数不规则的物品的经验。

经历两次打磨活动后，水管全部被打磨光滑，接下来孩子们就可以玩水管建构游戏了。

水管建构

水管对于孩子而言是全新的材料，前期教师鼓励孩子们自由搭建，让孩子们先去熟悉、了解材料，感知材料的特点。经过几次活动后，孩子们逐渐发现水管材料的一些特点，如水管连接不牢固，作品不容易站稳；只有把水管接头的口子调整到相应的位置才能连接；水管建构需要力量和合作，一个人很难完成；等等。

1. 以搭建小任务促进幼儿建构水平发展

经历多次自由搭建活动后，孩子搭建主题主要以帐篷、大炮、迷宫等为主，这些主题主要涉及连接的技能。幼儿建构技能的提升需要借助多样化的搭建活动来完成,所以在幼儿熟悉材料后,教师逐渐给幼儿提出一些搭建小任务。

(1) 搭建围合后能站稳的作品。

孩子们选择了大水管和连接的接头,最初很多孩子看见哪儿有接头就在哪儿连接,但连接了很多水管就是围合不起来。后来有孩子发现接头的口子的位置影响连接方向,他们反复调整接头的方向。一些孩子开始观察其他组的孩子的搭建。后来孩子们发现围合成长方形(或正方形)后,接头剩下的口子还要同时对着下面(或上面),才能连接出四根站稳的柱子,他们反复调整接头的方向。第一次搭建时,沛沛所在的小组经历了很多次调整都没有成功。第二次搭建时,孩子们自发观察其他组的搭建,反复调试接头方向、水管长度,最终搭建成功。

图 9 调整接头方向和水管长度

图 10 围合成功

围合是幼儿基本的搭建技能。搭建围合后能站稳的作品不仅促进了幼儿围合技能的发展,还萌发了幼儿的合作意识,激发幼儿观察、比较、思考及探索行为,提升孩子解决问题的能力。

图 11 观看椅子结构

(2) 合作搭建小椅子。

在认识小椅子的过程中,孩子们说出了小椅子的基本结构:四个一样高的脚，一个靠背，一个坐的椅面。

搭建开始了，一些有计划的孩子开始选择材料搭建，一些不知从何下手的孩子一边搭建一边观察小椅子，还有一些孩子直接观察老师搭建的椅子作品。

- **没有合适长度的小水管怎么办?**

在做椅面时，小宇发现没有较长的小水管了，只剩下一些较短的小水管。他找来一节较短的水管比较了一下，发现仍然不够，他又找来一节较短的水管，这次三根水管连接起来刚好够长。后来他全部用小水管组合的方法穿插，可剩余的小水管长度不一，每一次穿插都要通过尝试来确定水管的型号和数量。尽管如此，小宇和本组的壕壕坚持把每一个小孔都插上了小水管。

在游戏中，孩子为了完成一个目标需要长时间坚持做一件事，这个过程能培养孩子专注与坚持的品质。

- **我们搭不来椅背**

子桐和两个伙伴一起搭建，过了好长时间也没有把椅背搭建起来。她们向我寻求帮助。我说："看看别人是怎么搭建的?"子桐和芽芽仔细地看了同伴的椅子，找到了原因。钰钰也找到了原因，她们把四通口子方向做了调整后留出一个口子朝上，可以连接做椅背的水管了。

图 12　仔细观察同伴的作品

图 13　找到原因，调整接口

后来她们告诉我："我们的椅子老是要垮。"我说："你们再去看看别人的椅子为什么不垮?"

三个孩子又去观察别人的椅子并和自己的比较,她们告诉我:“我们的四通水管坏了。”最后她们找了一个好的换上,椅子便不再垮塌了。

图 14　原来我们的四通水管裂开了

搭建好后,孩子们主动坐在椅子上,感受成功的喜悦。

当孩子解决不了问题寻求帮助时,我没有直接教孩子方法,而是鼓励孩子们去观察、对比、分析、验证。这个过程就是幼儿探究能力、解决问题能力逐步形成的过程。

图 15　感受成功的喜悦

借助搭建小任务,幼儿学会了基本的围合、叠高、穿插小水管的技能,一些幼儿还积累了结合椅子、椅面的宽度拼接小水管的经验和把作品连接牢固的经验。

2. 尊重幼儿,呵护幼儿的真游戏

(1) 执着搭建三只脚帐篷。

图 16　压一压

孩子们拿着水管最直接的玩法就是在三个接头处连接,所以孩子们最开始的搭建主题就是帐篷、大炮。面对反复倒塌的帐篷,孩子们一直发现不了原因。孩子们主动比较三只脚的长度,有孩子说把三只脚变得一样长就不会倒塌。但当三只脚一样长时,帐篷还是垮塌了。

图 17　比一比

图 18　大家合作搭帐篷

经历了多次失败，这些孩子依然选择搭建帐篷。这次有十个孩子主动合作。他们自发分工，有的负责看守帐篷的每只脚，有的负责用小水管做成的工具支撑帐篷顶部。当帐篷架子搭建起来后，所有的孩子都在关注帐篷是否会倒的问题。当一个人走动引发晃动时，所有的孩子都开始紧张起来，他们不敢轻易离开，小心地尝试，确认不晃动时再离开取材料。

图 19　水管晃动时，大家不敢轻易离开

图 20　享受成功

在反复探究的过程中，孩子们的搭建经验在不断提升，如增加一只脚的接触面，用小水管工具支撑，把斜着的脚变成竖着的脚。终于，帐篷不再倒了。他们小心翼翼地坐在帐篷下享受这难得的一次成功。

明知孩子们很可能面临失败，但我尊重了孩子们的想法。游戏的本质是什么？自主、自由。来自于孩子兴趣的游戏才是真正的游戏，孩子才能获得真实的快乐。实践证明，失败对孩子而言是有价值的。我看见孩子们为完成这个有挑战的任务而形成的强大的团队意识；我看见孩子们为了让帐篷站稳而进行了多种尝试；我看见孩子们在难得的一次成功后坐在帐篷下享受成功的喜悦，这种喜悦绝不是一个简单的活动能获得的；我还看见孩子们经历多次实践后主动调整的学习能力。

（2）执着搭建大房子。

八组的孩子选择搭建大房子。经历多次失败后我建议他们搭建小房子，八组的组长梓涵坚持说："我们就想搭大房子。"看着执着的孩子们，我选择了尊重。

在第一次的搭建中，梓涵找到了框架不稳的原因：四根竖着的柱子不一样高，她和同伴做了调整。在第二次的搭建中，他们又发现框架上下对应的水管也要一样长。第三次他们找到了最适合的高度，把以前三根水管拼接的柱子改成两根水管拼接的柱子，这样的高度，搭上一个塑料凳子适合他们操作，又不像一根水管做柱子的房子那样小。

图 21　搭建大房子

图 22　找到最近发展区

搭建了好长时间，大房子总是会垮，新洋、梓涵都过来告状，说智睿"不做事"。智睿说："我不想和他们一起玩了。"梓涵说："你是我们这组的，你不给我们撑着房子，房子就要垮掉。"在大家的批评下，智睿认识到自己不做事是不对的，主动承担起支撑水管工作。

在孩子们不断的调整和合作中，八组的孩子逐渐搭建出大房子的框架，他们还搭建了桌子、椅子、悬挂在墙上的电视机。

明知搭大房子有难度还要尝试，这是很多孩子在游戏中的“通病”。这个“通病”就是孩子游戏中的“挑战精神”，这是一种很难得的品质。我们理解孩子的游戏心理，关注孩子在这一过程中获得的经验，也会支持孩子游戏挑战的需求。尊重付出的代价是不能在短时间内看见成效，但孩子获得的是更有价值的东西。这种价值表面上并不明显，如八组孩子对自我发展区的准确把握；找到房子站稳的基本要素（柱子一样高、框架上下大小要对应）；合作中积累的主动合作、主动担当的意识等等。

图 23　智睿承担支撑水管的工作

3. 关注幼儿游戏品质培养

（1）培养幼儿不轻易放弃的品质。

游戏结束后，我及时表扬了遇到困难积极想办法的孩子。我们还开展了很多次的讨论：怎样才能搭建好作品？不会搭建怎么办？如果失败了怎么办？孩子们说，“要认真坚持才能把事情做好”“不会就看别人搭，不会就问老师”“失败了重新搭”“遇到困难要想办法”“遇到困难要坚持”等等。

水管建构中一些问题的解决需要持续一段时间，非常考验孩子的耐力。对于孩子的坚持教师都及时肯定、表扬。每一次的总结、讨论都在潜移默化中影响着孩子。看着游戏中每个忙碌的身影，看着执着搭建的孩子，我很感动，敢于为梦想积极付出是人生最可贵的品质，也是人生的宝贵财富。

（2）营造积极氛围，激发幼儿的创造行为。

水管玩具的缺陷以及没有任何的前期经验是孩子们在搭建中面临的最大挑战。尽管增加了小水管，但孩子的操作仍然是有限的。当孩子们搭好框架后，接下来每一件作品的完成都是一个创造的过程。对孩子创造出的每一扇门、每一把椅子、每一根天线、每一个沙发、每一个电视，甚至每一个开门的机关我都给予肯定，并在全班表扬，鼓励其他孩子学习。这种氛围激励孩子们不断创造出新的作品，不断地给我们惊喜。

水管建构活动从最初的连接、围合，到有主题的搭建大炮、三只脚的帐篷、迷宫、机器人、椅子、小房子，再到大房子、多层楼房，孩子们的搭建经验不断积累。

图 24　机器人

图 25　沙发

水管收拾

1. 科学探索——拆卸水管

第一次玩水管就遇到了棘手的问题：拼接过的水管死死地套在一起，很难拆卸。一些孩子把问题告诉了我，但大多数的孩子并没有告诉我就主动拆卸。一个人拆不下来，就自发两人合作，站在两端拽拉玩具。很多孩子主动加入拆卸水管的队伍，队伍越来越庞大。

图 26　拼接过的水管很难拆卸

在孩子们的努力下，个别的水管玩具拆卸下来了，但更多的是以失败告终。孩子们力量不均匀，常常摔倒在地，但每次摔倒孩子们都开心的大笑。看着这棘手的问题，老师们也在想办法：上下搬动水管，待有些松动后，再拆卸；利用花园台阶叩击水管。孩子们学着我们的样子叩击、敲打、搬动。第一天花了半个多小时终于把所有的水管玩具拆卸下来了。

图 27　在花园台阶上叩击

• 在犹豫中，孩子给了我信心

水管玩具是我园尝试开发的新玩具。单纯的水管材料作为玩具是不够严谨的，怎么设计规格、增加辅助材料使之适合幼儿操作？它究竟能支撑孩子玩到什么程度？这些困扰着我的问题都还没有弄清楚，又出现水管玩具拆不开的情况。孩子们每天拆卸玩具要耗费很多时间，相应的孩子们玩的时间就少了。缺了时间的保障，孩子们的搭建水平怎么提高？我心里有种冲动：告诉领导，不想玩这个麻烦的水管游戏了！

当我正在犹豫、退缩的时候，我发现孩子们的状态与我们老师是恰恰相反的：他们不慌不忙、乐此不疲地拆着水管，摔倒了哈哈大笑，爬起来又继续拆卸。自然主义教育者认为，孩子的本能之一就是操作。孩子们这么热衷于拆卸活动，可见死死套在一起的水管恰好满足了孩子操作探索的需求。对于孩子自发的探索行为，教师应该给予支持。想到这里我又有些自责：孩子们都不怕麻烦积极面对，我还有什么可担心的呢？难一点对于孩子们来说不是更有挑战性，更能激发孩子们解决问题的能力吗？花的时间长不是更能培养孩子们的耐力吗？于是我们几位老师决定静下心来，陪同孩子们探索，当然我更期望孩子们在探索中找到拆卸水管更好的办法。

图 28　敲击水管

• 在矛盾中不敢贸然介入

看着孩子们每天卖力地敲击水管，我很担心：用力敲打会不会把玩具损坏呢？每次敲打玩具发出的“砰砰砰”的声音让人挺不舒服。

当时我们三位老师都没有经验去帮助孩子,我很矛盾,只有无奈地接受孩子们的这种探索。因为不让孩子用力又怎么把玩具敲打松动,又怎么拆下来?不让孩子进行多种尝试又怎么知道哪种方法更好呢?在矛盾中我每天都关注孩子们拆卸玩具。虽然花了很多时间,但每次孩子们都能把所有水管拆卸下来,我为孩子们执着探索的精神感动。

我心中的担忧被印证了,一个两通的接头裂开了一个口子。我把这个坏了的接头给孩子们看,并让他们猜猜是怎样弄坏的。孩子们都认定是敲打坏的。自从孩子们看见过这个敲坏的水管接头后,敲打、叩击水管没有以前那么猛烈了,声音也没有以前刺耳了。

- **拆卸工具的诞生**

一天,浩宇和几个孩子正在合作拽拉拆卸水管。朕裕走来叫停大家,并把小水管插入大水管的小孔中,然后双手拽着穿插好的小水管两端往后拉,水管很快被拆开了。尝到甜头的朕裕不断验证这个方法,其余的孩子也纷纷效仿。

图 29　发明拆卸工具

孩子们只关注拽拉,并没有意识到这个动作的危险性。一天朕裕在拽拉时把旁边的榆晗撞哭了。后来我提出一个要求:拆卸玩具时不能伤害同伴,也不能伤害自己,否则不能参加拆卸玩具的活动。我问孩子:“怎样做到安全拆卸呢?”纡峰说:“用小手握着小水管的两端,不漏出来就不会戳到同伴。”有孩子说,喊旁边的人走开;还有的孩子说,到没人的地方拆卸。通过这次讨论,孩子们有了安全意识,碰撞他人的现象也没有再发生了。

- **工具使用方法的调整:拽拉变成转动**

当我以为这就是最好的方法时,孩子们不断地给我惊喜。在一次合作拆卸玩具时，浩宇告诉正在拽拉水管的海扬："要转动。"在浩宇的带动下，孩子们都尝试转动拆卸水管，效率也更高了，收拾玩具的场面也变得安静多了。

图 30　调整拆卸方法

- **保安叔叔的加入增加了新工具**

当两通管子套在一起，上面没小孔无法穿插小水管时怎么办呢？保安吕叔叔把自己用积木敲打水管的方法教给孩子，还认真地教孩子把水管拿在手上转动着敲击。可孩子们的手小力气小，操作有些困难，后来孩子们发现把水管平放在地上敲击更省力、更有效。孩子们对这个新方法积极尝试，并主动应用。很快，这些经验就在全班实践了起来。

拆卸水管玩具的难题终于在孩子们的探索中得到解决，这个过程带给我很多感悟。教师认为的一些困难对孩子来说，并不一定是困难。因为孩子比我们心态好，不给自己压力，把拆卸水管当成游戏，很多次的失败给孩子带来的却是游戏性质的欢笑。从头至尾教师没有给自己定任务，也没有给孩子定任务，都是孩子们主动参与进来的。如果我们给自己定任务，任务自然就会分担到孩子的身上，我们的关注点也会局限于结果。可能孩子们游戏的心态就没有了，也就没有后面的探索了。《指南》一再强调要尊重孩子的发展水平，尊重孩子的发展速度，不要看重结果。仔细回味这句话感到很有道理。这个观点让教师和孩子都保持一份乐观从容的态度去面对生活中的一切，让孩子按照自己的轨迹发展，这种自然轨迹带给孩子的

图 31　将水管放在地上敲击更省力

发展才是持续的、长远的，教师也能感受到自己陪同、等待孩子成长的价值所在。

自然教育主义者认为，孩子的身上蕴含巨大的潜能，这种潜能推动孩子发展。虽然教师给孩子创造了探究的条件，但拆卸水管的方法从最初的合作拽拉、敲打、叩击，到后来的手脚并用、借助小水管工具及工具使用方法调整、积木工具的增加，孩子们的操作越来越快速、省力，这些都不是教师教给孩子的，而是孩子通过自己的实践不断总结、创造出来的。

2. 数学活动——认识提示牌

我班水管建构游戏是全体孩子参加的，所以水管玩具的数量很多。为了给孩子提供一个有序的环境，也为了孩子能有序地收拾玩具，我们将水管玩具分类，有规律地整齐摆放。怎样让孩子清楚玩具的摆放规律并有序收拾呢？最初我们打算在每个玩具筐上贴上对应规格的水管玩具照片，但玩具筐没有足够的光滑的平面粘贴照片。最后我们决定只在玩具筐上粘贴数字，再做一个提示幼儿分类摆放玩具的提示牌。在引导幼儿收拾玩具时，我们发现这个提示牌蕴含数字集合的知识，如果孩子没有理解集合的含义，就会乱放水管。所以我们开展了数学活动“认识提示牌”。

孩子们第一次认识水管玩具摆放提示牌时，我们没有直接告诉孩子提示牌的作用，而是让孩子们猜猜看。有人说“1-6”是减法算式题1减6。我说：“我们的减法题有等号，这个有吗？你们能算出答案吗？”孩子们说，没有等号，也不够减。这个答案被孩子们否定了。有人说“1-6”表示1号和6号的小朋友收拾四孔玩具。我说：“收拾玩具是大家的事情，我们班上有49个小朋友，是不是每个小朋友的序号都在提示牌上呢？37号、39号、40号有吗？”小朋友们发现提示牌上并没有把全班小朋友的号码都写全。第二个观点也被孩子们否定了。

图32　水管玩具摆放提示牌

经验丰富的朕裕说,符号“1-6”表示的是 1 号至 6 号。我问:“是 1 至 6 号的小朋友吗?”朕裕说:“是 1 号至 6 号的玩具筐。”我问大家是否同意。大多数的孩子都同意这个新的观点。我问:“1 号至 6 号的旁边画着四孔水管是什么意思呢?”孩子们说:“1 号至 6 号玩具筐要装四孔的水管玩具。”有了这个经验,孩子们说出了符号“7-13”表示 7 号至 13 号玩具筐要装三孔的水管玩具,后面的集合也都能说出相应含义。接下来我让孩子们统计各种型号玩具对应的玩具筐数量,统计时孩子们发生了争执。比如装四孔水管的玩具筐,有人说是 1 号和 6 号 ,只有两个玩具筐。这个观点遭到很多孩子反对。有孩子说:“不对,要从 1 数到 6,有六筐玩具。”在争执中,大家统一了观点:集合要从第一个数字数到最后一个数字,不能只数第一个和最后一个。1-6 的集合孩子们可以通过直接数数统计,但是其余的集合就不能用这种方法了。孩子们有自己的办法,他们扳起指头从集合的第一个数字数到最后一个数字,数一个扳一个指头,最后统计指头的数量。当答案不统一时,再次点数统计。最后孩子们发现,装两通接头的玩具筐最少,只有 1 个,盛放两孔水管的玩具筐最多,有 8 个。

3. 数学活动——藏起来的数字

孩子们虽然理解了数字集合的意思,但是否明白提示牌为什么要用数字集合呢? 为了进一步让孩子理解数字集合,我们开展了第二次数学活动“藏起来的数字”。

在第二次数学活动中,孩子们分组点数盛放水管玩具筐的数量,所有的孩子都确定有 36 筐玩具。接下来孩子们点数提示牌上的数字,发现有 15 个数字。问题来了:为什么提示牌上不把所有玩具筐上的数字都写出来呢?

雨铮和几个孩子说:“提示牌太小了,写不完所有的数字。”

梓涵说:“只写两个就够了。”

我问:“盛放四孔水管的玩具筐写出了几号?”

孩子们回答:“只写了 1 号和 6 号。”

我问:“盛放四孔水管的玩具筐一共有几个? 1 号和 6 号是排在什么顺序的数字?”

孩子们答道:“是排在第一和最后的数字。”

我说:“对啦,当我们写不下的时候,可以只写第一个数字 1 和最后一个数字 6,中间用一条横线连起来提醒大家,中间还藏有 2、3、4、5 号玩具筐。”

用最简洁的方法表现一个范围就是集合意义。在讨论与思考中,孩子们发现数字集合在提示牌上的必要性。

提示牌上的数字集合里还藏着哪些数字呢?孩子们在数的过程中找到了藏起来的数字,他们还发现有的集合里没有藏着数字,如 25,26-27,28-29。

图 33 数数有多少筐玩具

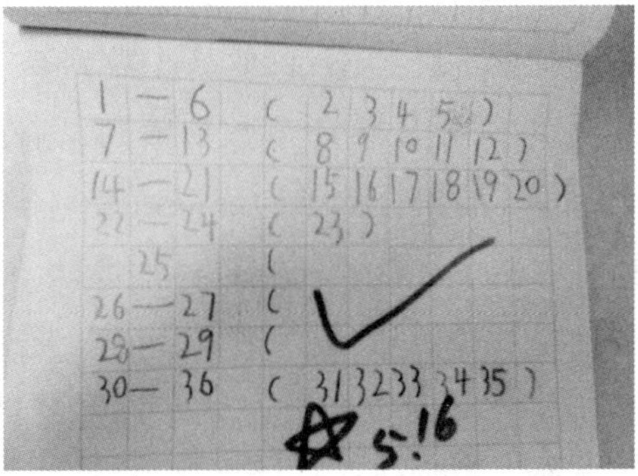

图 34 藏在集合里的数字

在孩子们理解集合的意义后,我们把集合的知识在形式上进行拓展,如写出一组数字的集合(3、4、5、6、7),写出一组顺序打乱的数字的集合(4、2、3、5、6)。理解了数字集合的含义和作用后,孩子们能较准确地收拾玩具,一些孩子放错后,其余的孩子会主动提示、纠正。

生活中处处蕴含数学,教师要善于发现、善于运用。来源于生活的数学活动更丰富、更有挑战性,也更易于幼儿理解,更有现实意义。

教师的感悟

生活教育的有效实施,需要教师对生活资源保持敏感度,练就一双慧眼,看得见生活资源背后的价值,还要有带着孩子们去感知、去操作的实践精神。但生活教育并不是让孩子参与了实践,孩子自然就会获得发展,生活与教育是互相融通的，绝不是完全等同的两个概念。缺乏教育的生活是盲目的、迷失的、低层次的。所以生活教育不是把生活原生态地呈现给孩子，教师要结合孩子的经验、兴趣，对生活进行加工、取舍，把适合孩子、能给孩子带来发展的部分（环节）呈现给孩子。生活教育是有计划、有设计、有目标的活动。在真实的互动中，我们不能生硬地让孩子跟着教师被动地学习，我们应该牢记"幼儿才是学习的主人"。我们要时时关注孩子的经验，关注孩子的兴趣，尊重孩子的学习特点，学习与孩子共同生成课程。这个过程也是教师专业成长的必经之路。

专家点评

在阅读这篇文字的时候，作者讲述故事的现场情形历历在目。无论是故事文本还是讲述的状态，我都能从中读到教师的“投入”。在与水管“约会”的过程中，教师把自己和幼儿的经历、情感、思考，把自己的理性和感性全部投入了进去，这一点是值得我们去学习和敬佩的。因为，幼儿园课程的实施绝不是幼儿一方的单边活动，教师的主体性、专业自觉性必须在其中得以彰显。毫不夸张地说，能够促成教师的专业自我实现是优秀幼儿园课程的要义之一。在幼儿打磨水管、搭建水管、拆卸水管、收纳水管的背后，我们看到的是教师的期盼、焦急、兴奋、喜悦，是教师基于幼儿身心发展水平、学习特点、已有经验和兴趣需要的准备、指导，是对课程的设计规划与探讨思考。所以说，课程行动的主体包括幼儿与教师，其中幼儿是学习发展的主体，教师是课程开发的主体，切不可因片面理解“跟随幼儿”，而忽视教师在课程设计与实施中的作用与地位。

在平衡幼儿与教师双方主体关系方面，本故事有两点值得借鉴。一是教师要学会耐心等待，让幼儿“先行”，例如拆卸水管遇到问题，我们透过文字都能感受到教师的着急，但她还是有意识告诫自己“我再等一等吧，我再看一看孩子们怎么样吧”，她将行动的机会、学习的可能给了幼儿；二是教师要学会专业思考，比如在遇到问题的时候，教师都会及时去寻找相关理论来解释疑问或支持自我，再比如教师组建了相对稳固的课程研究共同体——由三位老师商讨解决问题——其实，这就是一种小规模的课程审议，这一做法在最大程度上保证了老师们课程理念与行动的科学性、合理性、可行性。

（常熟理工学院　张　斌）

搭建娃娃家

四川省成都市蒲江县南街幼儿园　席　燕

持续时间:2016 年 9 月至 2017 年 6 月

年龄段:大班

故事开始啦!

过了一个愉快的假期,终于迎来了新学期。最让孩子们激动的是幼儿园各种各样的游戏,那我们这学期的结构游戏会搭建什么呢?

有的孩子提出搭建广场,但其他孩子并不是很认同,理由是有的小朋友的家住在距离广场很远的地方,不经常到广场玩儿。有的孩子提出搭建游乐场,但也有小朋友质疑说蒲江的游乐场没有成都市区的游乐场大,不经常去玩儿。还有的小朋友说没有去成都市区的游乐场玩过,不知道是什么样子的,搭建不出来。还有的孩子提出搭建幼儿园,幼儿园是孩子们经常玩的地方。但幼儿园那么大,孩子们可以搭建吗?

天天说:“幼儿园有那么多建筑,我们都搭建吗?”

可可说:“搭建教学楼,因为我们每天都在教室里,可以看得更清楚,我们可以每天去看,就知道怎么搭建了。”

大家都同意可可的想法,最后确定了搭建幼儿园的娃娃家。

需要准备什么呢?

第一次游戏后,我们遇到了搭建困难:每个人都自己搭建自己的,都说自己在搭建幼儿园的娃娃家,但搭建出来怎么不像呢?怎么没有娃娃家里的蘑菇房、尖尖房呢？为什么会出现这些问题呢？

1. 我们需要游戏图纸

成成说：“我们需要图纸吧，我看爸爸工地上有图纸才能修建房子。”他的想法得到了大家的支持。那图纸怎么画呢？

成成又说：“爸爸告诉我，要先找一个不动的东西，然后才能一个挨着一个画。”商量后，大家从娃娃家的门开始画。在教师的帮助下，孩子们用照片拼出了娃娃家的建筑，画出了娃娃家的地图。由于幼儿对各个搭建点的空间位置不明确，导致分工出现了问题，所以空间位置和任务分工都需要明确。通过引导幼儿经验的迁移，延用幼儿“打野战”活动中看平面图的经验，让幼儿来画自己看得懂的平面图。幼儿在画图的过程中自己梳理每个娃娃家的空间位置，然后再在多功能厅中对照计划与设计图进行施工站位。在施工站位时，为了让幼儿有方向感，教师初步固定了门的位置。

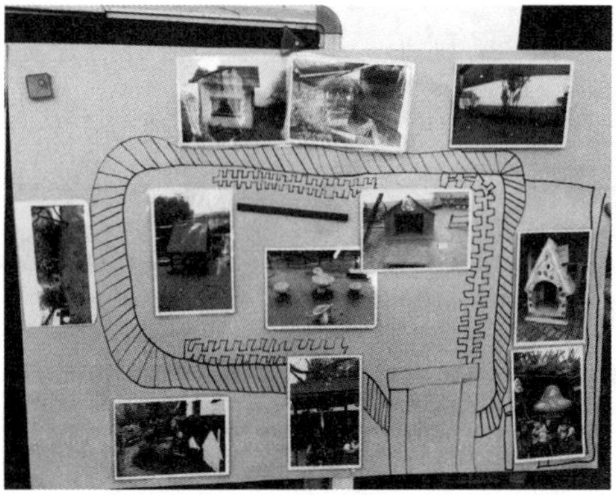

图 1　照片布局图

图 2　表征布局图

2. 我们的游戏分工计划

有了图纸，那我们该从哪里开始搭建呢？

琪琪说：“中班玩娃娃家时，我们已经会小组协商啦，但现在我们是大班了，可以再增加一点人商量。”

天天说：“我们可以像制订劳动分工计划和区角游戏分工计划一样做一

个结构游戏计划，这样大家都清楚了。”

由于游戏前期没有具体的分工，幼儿在游戏时就遇到了问题：都想搭建大门，其他地方没有人来搭建，怎么办？在游戏中，角色的分工和实施是否恰当意味着游戏是否能顺利、有质量地进行。所谓角色分工，即让每个幼儿在游戏中有事可做，但不是所有的孩子都对同一个任务有兴趣，因此在游戏开始时，幼儿遇到了角色分工矛盾。怎么办？“解铃还须系铃人”，还是要请幼儿找到问题根源，讨论、解决问题。基于幼儿园的日常课程，幼儿已有制订劳动分工计划、户外夺红旗角色游戏分工计划的经验，通过相似的经验迁移，幼儿很快讨论出初次的结构游戏计划：分区（把娃娃家划分成很多部分）和分人（每个部分都有人参与其中）。同时，幼儿自发地提出实施方法：先来先搭，搭满为止。新游戏计划实施几次后，幼儿又遇到同样的问题：有些部分依然没人去搭建。孩子们再次讨论也没有得出更好的结果，这时候教师可以给予幼儿适宜的支持。教师的支持策略是调整计划，把计划做得更细一些，让每个区都有人搭建，角色分工矛盾得到初步解决。有了前期的必要准备，幼儿开始了他们的搭建之旅。

图3　劳动计划图

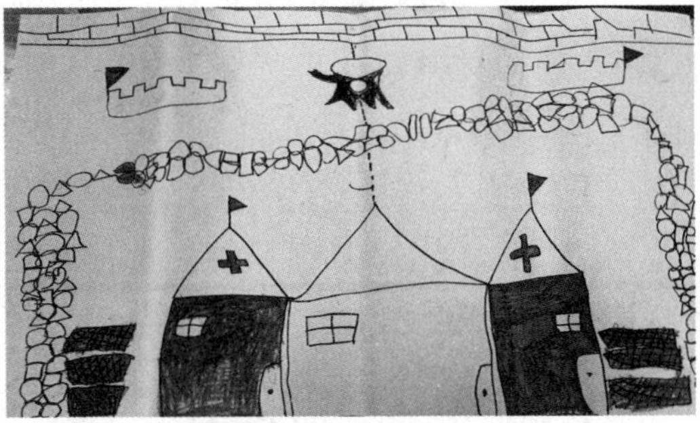

图4　角色游戏计划图

为什么没成功呢？

有了游戏分工计划，也有了设计图，但是还是没有搭建出幼儿园的娃娃家，是不是因为更换了场地呢？孩子们有点失望，搭建出来的建筑并不如他们想象的那么美好。他们发现了问题，于是请求老师的帮助，老师说："看不出来，搭建不出来，那试着像美术写生活动那样画一画呢。"于是孩子们选择自己最喜欢的娃娃家的一个地方，仔细观察其内部和外部结构并用写生的方法将它画下来。

图5　娃娃家大门

图6　写生娃娃家

起初幼儿的观察比较随意，美术写生活动可能会帮助幼儿有逻辑地梳理娃娃家里的结构，增进幼儿对结构的细致了解。搭建技能是幼儿在运用材料、与建构材料积极互动的过程中发展起来的，技能的发展离不开练习和对于已有经验的迁移与巩固。

搭建柱子的秘密

在搭建好房子的墙之后，孩子们想要搭建房顶，以前我们搭建房顶时会先搭天花板，然后再搭建出房顶，但这次遇到了问题：房子太大了，天花板放上去就会掉下来。

1. 柱子支撑

在搭建熊二家的尖尖房时，胡宇航在房子里蹲坐了一会儿，发现天花板小了，然后他拿了一些长方体的积木，在房子中间搭建了一个柱子形状的东西，还差两块积木时，便让同伴拿来两块积木垫上，最后将之前不匹配的天花板放上去，果然这次天花板没掉下来，但房子的天花板还空出来一些地方。又见他去拿了两块小一点的泡沫板放上去，这下天花板终于没有空缺的地方了。大家发现原来是房子里面搭建了柱子，柱子将天花板支撑起来了。在接下来的结构游戏活动中，遇到房屋面积与天花板不匹配的问题时，孩子们都会用胡宇航的方法来支撑天花板。

图 7　柱子支撑

2. 自然测量

成成为了不用柱子支撑天花板，把墙搭得很小，但天花板放上去后显得很大，明显不匹配。

郑钟佳利说："我们应该要量一量。"

杨晓天说："我们上学期学过用水彩笔量桌子有多长，我们可以用水彩笔来量。"

杨子轩说："我们可以用长一点的东西量，绳子就可以。"

周思衡说："可以用丝带，还有长积木来量。"

图 8　用绳子测量

图 9　用长积木测量

图 10　用泡沫板测量

在下次活动开始前,教师再次带着孩子们回顾了对比房子大小的问题,在游戏中,也特别观察了孩子们测量房屋与拿材料的情况。

惜时小能手

搭建尖尖房、蘑菇房房顶时孩子们又遇到了问题:搭建墙面占据了很长时间,没有时间来搭建房顶。

潇潇说:"房顶没搭建出来,没有完成计划。"

教师说:"为什么没有搭建出来,是什么原因呢?"

琪琪说:"搭建的围墙不稳,老是倒,所以花了很长时间。"

西西说:"搭建围墙用了很多的材料,花了很长时间。"

教师又问:"怎么能快速地搭建好房子的墙?"

琪琪说:"我们可以用大的积木来搭建,幼儿园最大的积木就是我们班现在使用的。"

但问题依旧没有得到解决。

图 11　搭墙花时间

图 12　大材料的使用

在下一次活动时,可可小组搭建小狗家时用了大的塑料板来搭建尖尖房的围墙,然后在泡沫板的两边垒起了积木,很快其中一面墙搭建好了,但不太稳,西西提出需要再加固一下。那应该怎么加固呢?

宁燕熙说："可以再多放几层。"

卢涵宇说："可以搭建柱子。"

在不断尝试和探索下，房子的墙稳固了很多。孩子们发现使用大材料和小型材料组合就可以很快地搭建好墙，为搭建房顶节约出了很多时间。

尖尖的房顶和圆圆的房顶

游戏经过一段时间后，孩子们认识到搭建尖尖的房顶是最难的，教师尝试通过经验的迁移让幼儿解决搭建房顶的问题。

在搭建尖尖房顶的金字塔时，西西说："金字塔是尖尖的，旁边是三角形的。"对金字塔理解的角度不同，搭建出来的金字塔也不同。我们在搭建蘑菇形状的凳子时也很难突破这个问题，于是教师和孩子们一起搭建小蘑菇，尝试将类似的经验迁移到我们的搭建中去。

图 13　搭建蘑菇房

蘑菇房的房顶还没搭建成功，于是孩子们在餐前游戏时，自由组合，尝试挑战搭建蘑菇房的任务，他们用自己能想到的、能见到的、觉得可以用来搭建蘑菇房顶的材料进行尝试。一楼多功能厅有许多可以用来坐的圆形的垫子,成成那组的孩子们用上了。西西那组的孩子们提出用中班时候搭建用的纸杯来搭建蘑菇房顶。娜娜那组提出用拼插玩具搭建蘑菇房顶。但在尝试的过程中,只有用拼插玩具搭建的蘑菇房顶成功了,搭建出了蘑菇形状的房顶。

图 14 搭建尖尖房

我们知道三角形是最稳固的图形,通过经验迁移,尖尖房的房顶侧面很像三角形。西西尝试用泡沫板来搭三角形,但两块泡沫板夹成尖尖的顶不稳,会往两边滑,很容易倒掉,必须要有人扶着两块板。活动小结时,教师有意识地梳理前期游戏经验:幼儿已有快速搭建围墙的经验(用积木来夹住泡沫板的两边)。提示幼儿通过经验迁移,不断调整小积木使三角形稳固。有的幼儿则选用拼插玩具搭建房顶,由于前期没有计划,拼出来的房顶放在天花板上显得很小,同时也与实际建筑的外形不符,于是通过经验互通,幼儿将搭建天花板时测量的经验迁移到搭建大小适宜的房顶。在幼儿不断的尝试、失败、更换材料和经验迁移后,终于成功搭建出了尖尖的房顶。

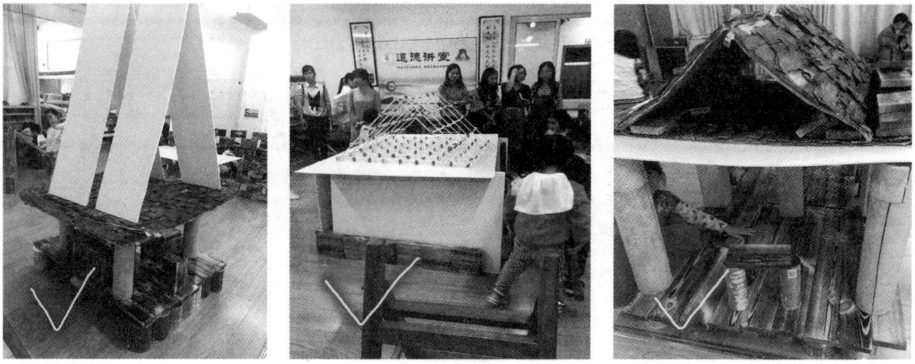

图 15 成功搭建尖尖房顶

尖尖房顶属于立体造型,幼儿提出快速搭建围墙,再搭建天花板,最后搭建出房顶的策略。但尖尖的房顶对幼儿来说,搭建难度系数大,搭建出的造型差异大且稳固性差,同时搭建房子的围墙会占用很多时间,往往到搭建房顶的时候游戏也差不多结束了。那么,在解决搭建尖尖房顶问题时就必须考虑两个因素:一是在有限的游戏时间里巧用材料,为搭建房顶腾出时间;二是搭建中出现问题时,利用其他方法快速学习经验进行补救。

搭建小山坡

在搭建过程中,我们遇到了几个小问题:搭建活动结束后,孩子们提出想去自己搭建的小山坡上玩儿,但他们发现上山的路很少,不能很多人同时上山。

孩子们去观察了后花园的山坡是不是只有少数可以上山的路,后来发现,上山的路有很多条。在游戏结束时,幼儿自己想出了解决问题的办法。有的孩子想到了楼梯,因为楼梯都有最低点和最高点,都是斜着上去的,很像山坡。在晨间桌面玩具时间,孩子们先尝试玩拼插玩具,然后体验楼梯的结构。

有一次,老师带大家去看大三班小朋友们搭建的"昆虫的家",他们修了一条上山的路。西西说:"老师,他们修的好像山坡啊。"于是老师马上拍照,带领孩子通过观察,比较我们修的山坡和他们修的山坡。老师问:"谁修的山坡更像些?"馨馨说:"大三班的小朋友,他们修了好多条可以上山的路。"有的孩子提出,我们也可以用这样的方法搭建山坡。他们还发现大三班的小朋友搭建的山坡用了很少的材料,而他们自己搭建的山坡材料用得多,并且还没搭建出来。通过仔细观察和经验小结后,孩子们快速地修好山坡,在后两次修山

图 16　山坡

坡的时候，还出现了上山路的穿插方法，不仅如此，还能同时让很多人一起上山去。在搭建山坡的过程中，幼儿获得了相应的建构技能。

教师的感悟

1. 游戏中，教师的作用

（1）适时介入，为游戏把方向。

在游戏中，教师基于幼儿的生活经验和兴趣，选择搭建主题的内容，分析对幼儿发展的意义，在适宜的时候给予幼儿支持。如幼儿拿不定主意的时候，教师让幼儿通过公平的方式选择确定，同时让他们获得解决问题的方法和机会。如果教师善于捕捉游戏中矛盾的课程价值，并寻思基于幼儿能力发展的适宜的解决方案，就能推进游戏并促进幼儿游戏能力的提升。问题其实就是推进游戏的契机。游戏中产生的问题以及教师观察到的问题都是推进游戏最有利的动力。教师应该及时关注游戏中幼儿提出的疑问和遇到的困难，及时观察幼儿在游戏中是否具有有价值的游戏行为，在基于幼儿想法的前提下，从多角度去思考和衡量幼儿的想法是否对其发展有意义。孩子们什么都想搭建，没办法确定搭建什么，所以这时候就由教师来分析和筛选搭建什么。娃娃家是幼儿中班时期一直在玩的游戏，孩子们对娃娃家的各个场地非常熟悉，有特殊的情感。同时其整体布局简单，各种娃娃家结构符合幼儿现有水平及发展特点，如娃娃家里各个相对的位置有利于全班幼儿一起规划布局，提升幼儿制订计划的能力和空间认知能力。通过搭建小山坡，搭建高矮不同的玩具柜、尖尖房、蘑菇房等有挑战的建筑，提升幼儿架空、穿插、桥式连接、坡度和转向等方面的建构技能。

（2）抓住教育契机，点燃幼儿的游戏激情。

主题式的建构在创新发展前都是对原建筑的还原，但在还原过程中，复杂且构造困难的建筑，成为发展幼儿建构技能和建构品质的关键节点。幼儿往往喜欢搭建一些简单的建筑，或是习惯重复已有的建构技能进行搭建活动，在完成了结构相对比较简单的建筑的搭建任务后，常常会出现玩弄材料消磨时间的现象。此时教师就要敏感地正视问题,抓住教育契机,再次点燃幼儿敢于挑战困难的游戏精神,让幼儿在接下来的游戏中有所进步和收获。

2. 对幼儿来说

(1) 在游戏中,拥有幸福感。

通过各种经验的迁移,幼儿在游戏中解决问题的能力得到了发展。学为所用,用为所需,幼儿所学的五大领域的经验都真实地为幼儿的游戏所服务,使幼儿能更好地、更快乐地进行游戏。幼儿在游戏中不断遇到问题,敢于提出问题,并乐意与同伴、教师商量办法,直到问题解决,这一过程提升了幼儿的经验并使其感到快乐,这应该是游戏带给孩子们的最大的幸福感与成就感吧!

(2) 在游戏中玩出智慧。

幼儿天生喜欢游戏,因为游戏不仅仅能带给他们欢乐,而且在有挑战的游戏中幼儿还可能玩出智慧。在建构游戏中,幼儿会面临许多问题,但这些问题的解决能够帮助幼儿积累建构经验,从而提升建构技能,如架空、穿插、桥式连接、转弯等。同时,在不断解决实际问题的过程中,幼儿逐步积累了各种解决问题的方法。建构游戏的真正价值是让幼儿在获得游戏乐趣的同时提升相应的能力。在整个建构游戏中,幼儿对娃娃家结构的仔细观察,能够发展观察能力;幼儿在不断挑战高难度的建筑的过程中,能够发展发现问题、解决问题的能力。

华爱华教授说过:“学习不一定是游戏,但游戏却一定是学习,这种自发的无意性学习,主要是通过操作游戏材料在实现其娱乐功能的同时实现了它的教育功能。”建构游戏的本身就是通过游戏而学习,通过操作建构材料来丰富幼儿的建构经验,提升幼儿的建构技能,同时在真实的情境中实现幼儿的自我发展。

专家点评

这是一个成都市蒲江县鹤山镇南街幼儿园大班幼儿搭建娃娃家的故事。我觉得至少有三个方面值得我们关注。

第一，关于空间。不仅有室内建构，也充分运用户外资源。例如请小朋友在整个幼儿园自主选择自己喜欢搭建娃娃家的地方，通过对比观察完善小山坡的搭建。这里，需要强调的是可以进一步拓展户外建构，因为从认知角度来看，室内建构向户外的转移涉及空间转换和搭配的问题，我们可以鼓励幼儿在桌面和室内进行基本结构关系的探究和实验，等做得差不多了，再搬到户外去。

第二，关于审议。我觉得他们的活动还是很重视课程审议的，教师在呈现材料的同时，对用什么样的材料开展建构进行了讨论，还审议了对于孩子的发展价值，这个活动有哪些价值，在活动前、活动中、活动后都进行了充分的审议。另外，更重要的是他们还让孩子参与到这个活动的审议当中。那小朋友是怎么进行课程审议的呢？在活动之初，他们带领小朋友讨论可以搭建什么。他们不是让孩子简单地进行设想，把设想画出来，再去试试，而是进行了有审议色彩的设想。课程审议是什么呢？当我们在课程建设的过程中遇到了问题，就需要讨论，针对不一致的观点，最后经过协商达成行动方案，这就是审议。在这个故事中，教师让幼儿参与了课程审议——小朋友讨论确定要搭建什么，决定内容范围。而教师参与幼儿的审议，保证了整个的活动尽量在幼儿的最近发展区内。教师考虑到幼儿的特点，给他们创造了宽松和有支持的环境，幼儿在活动中自主性比较强，所以搭建的范围、内容都是幼儿决定的，而且有反复的尝试的机会。教师给幼儿很多的铺垫经验的机会，我觉得这一点是值得肯定的。

第三，关于学习。幼儿从随意搭建到有计划、分步骤、有合作地搭建，整个过程就是不断学习的过程，是自主意识、设计能力、相互协商、共同合作等各种能力不断完善的课程。设计图的绘制，对应材料的寻找，相互之间分工和合作，克服各种困难，使用多种工具，发展多种能力，达成自己的心愿。这里就有很多的学习，涉及多领域的经验。其实，这就是幼儿园中的STEM，幼儿园经常会出现这种活动，需要幼儿去计划、分工、合作、取材、尝试、测量、使用工具等多方面的活动，整合各种经验，实现全面发展。

（南京师范大学　虞永平）

咿咿呀呀唱大戏

江苏省南京市太平巷幼儿园　许晶晶

持续时间:2015 年 11 月至 2016 年 6 月

年龄段:大班

缘起

在谈论祖国宝贝的话题时,开始有孩子关注到中国戏曲,因为有的孩子在和家长参观南京博物院时,在南博小剧场观看过戏曲表演,关于戏曲,他们开始有了一些经验,一些兴趣,孩子们会不时地提出关于戏曲的各种问题:

- 为什么他们要化妆?而且脸画得五颜六色的?
- 为什么女生的脸上没有很多花纹?
- 为什么他们的衣服和我们穿的不一样?
- 演员们的袖子为什么那么长?
- 戏曲里有哪些道具?
- 为什么他们边唱边打架?
- 他们唱歌为什么要拖长长的声音,有时还会大声叫?

……

从孩子们的交流讨论中,我发现每个孩子对戏曲的兴趣点是不一样的,有的喜欢演员的妆容、头饰,有的喜欢漂亮的衣服,大多数孩子对演员的表演很感兴趣,尤其是一些武生、武旦的动作,他们都跃跃欲试…… 他们说:"老师,我们也想表演!"

对于孩子的兴趣和需求,开始时,我们有一些担忧,因为戏曲博大精深,对于我们教师来说也是一个陌生的领域,关于戏曲可以开展哪些活动呢?

图 1　参观南京博物院

图 2　在南博小剧场听戏

孩子们对于戏曲的兴趣可以如何持续呢？类似的困惑有很多，不过对于开展戏曲活动的价值我们也做出了分析和判断。

戏曲蕴含着幼儿的发展经验。在《3—6 岁儿童学习与发展指南》幼儿艺术领域的发展经验中提出，喜欢听音乐或观看舞蹈、戏剧等表演。根据这一点，作为教师，要为幼儿创造条件，让幼儿接触多种艺术形式和作品，其中包括带幼儿观看或共同参与传统民间艺术等。

戏曲中有很多内容是可表演、可操作的，在活动过程中，幼儿能逐步丰富对戏曲的经验，发展综合能力。同时，我们拥有丰富的社区资源，例如：郑和公园里热爱唱戏的爷爷奶奶们经常会在公园内表演，孩子们空闲时会去观看；孩子们可以去幼儿园附近的江苏省戏剧学校、京剧博物馆参观、学习；还可以邀请民间艺术团或专业戏曲演员来园表演。这些都能引发孩子们对戏曲的兴趣并支持他们对戏曲的持续探究。

在此思考的基础上，我们认为戏曲活动对于孩子们来说起源于兴趣与好奇，并且是可感受、可表现的，我们也相信戏曲活动能走进孩子的生活，走进孩子的心灵，并使传统文化得以延续。

戏曲探寻之旅

1. 孩子们跃跃欲试

既然想表演，那就准备起来吧！孩子们根据自己观看戏曲的经验，热烈地讨论着表演需要什么。孩子们说戏曲表演时演员要化妆,有的脸很花,有的画得很漂亮;表演要穿上漂亮的戏服,女生头上要戴很多宝石装饰;要有很厉害的兵器,演员们表演要有戏台。从孩子们的讨论中,教师发现,对于戏曲,他们已有了初步的经验,观察了解得很细致,也反映孩子们对戏曲的兴趣点是不同的,有的对各种大花脸很好奇,想探究戏曲演员们化妆的秘密,有的被戏服奇特的样式和繁复的花纹吸引,还有的对各种兵器爱不释手……因此,根据孩子的兴趣和需求,自然地形成了化妆组、服装组、道具组、舞台组和表演组,以项目活动为主的方式开展对各个话题的探索。

(1) 化妆组。

孩子们在刚接触脸谱时,都非常的好奇但同时也表达了自己对脸谱最初最真实的感受。

淼淼细声细气地说:"大花脸太可怕了,像鬼,像妖怪!"

佑佑说:"我觉得大花脸太恶心了。"

童童说:"我不喜欢大花脸,把脸上画得脏脏的。"

当当说:"大花脸是净,我爸爸告诉我的,不同的颜色代表不同的人物。"

在这之后,孩子们通过调查、参访,了解了各种脸谱,探寻了很多关于脸谱的奥秘,对脸谱的感受也渐渐发生了变化。

佑佑说:"我知道京剧脸谱有不同的颜色,蓝脸的是窦尔敦,红脸的是关公,黄脸的是典韦,白脸的是曹操,黑脸的是张飞。"

林梓晗说:"京剧有生旦净丑四个行当,净就是大花脸。"

童童说:"大花脸一般都是男生,只有一个女生角色,就是钟无艳,她和其他的花脸不一样,额头上有一朵莲花。"

淼淼说:"现在我们会用各种各样的材料来表现脸谱,用颜料在纸箱上画脸谱,用油泥做脸谱,在扇子上画脸谱,我们还会用油彩给自己和小伙伴们在脸上画脸谱呢,真有意思。"

孩子们对各种大花脸也是越来越喜爱,通过对脸谱的记录也不难发现,记录中色彩的变化能充分体现孩子对脸谱由陌生害怕到了解喜爱的情感变化过程。

图3　最初接触脸谱时的感受记录

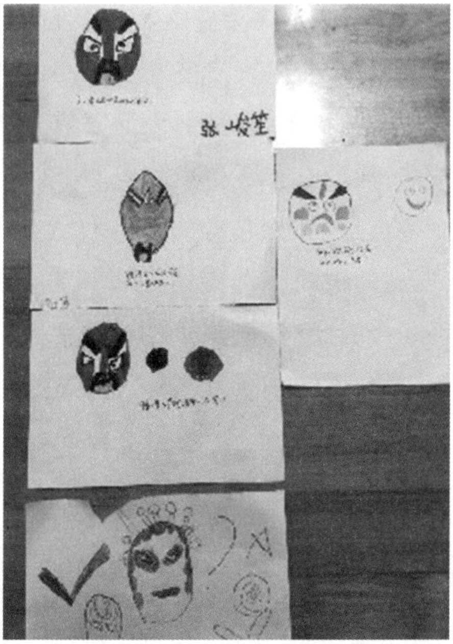

图4　熟悉脸谱后的感受记录

图5　各种方式表现脸谱

图6　自己画上有趣的脸谱

(2) 服装组。

演员们的戏服在孩子的眼中神奇又美妙,长长的水袖,繁复的花纹,威风凛凛的靠旗都深深吸引着他们去了解、欣赏和探究。关于戏服他们也带着很多的问题去参访、调查,比如:

- 为什么男生在台上表演时穿的鞋子底那么厚？
- 为什么有的演员衣服很长，袖子也很长，但有的演员衣服就很短？
- 为什么有的演员表演时要戴上大大、长长的胡子？

……

每一次寻找答案的过程也在不断丰富孩子对戏服的了解，越了解就越喜爱，他们也迫不及待地想要自己做一件戏服，希望穿上自己制作的戏服演一出精彩的好戏。于是，孩子们开始收集各种戏服的纹样，再结合自己的想法进行设计，有男生的，也有女生的，有衣服，也有帽子等，还有女生鞋子上的花纹他们也都一一关注。接下来，描画小样，裁裁剪剪……相信这些小小设计师们一定会做出独一无二的戏服。

图 7　设计服饰纹样

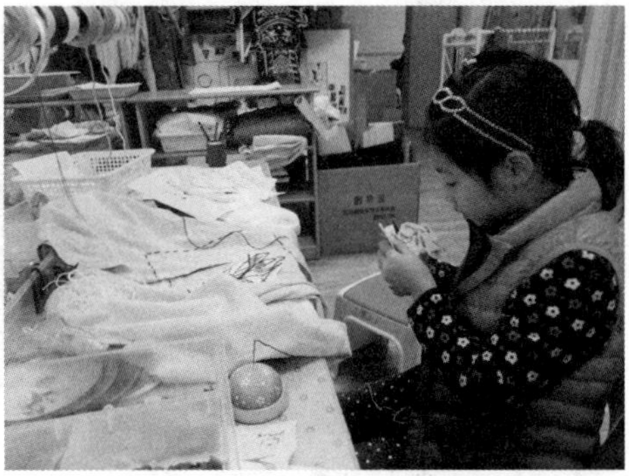

图 8　裁剪缝制戏服纹样

（3）道具组。

戏曲演员们在台上挥舞起各种兵器来让孩子们看得眼花缭乱，尤其是男孩子们，对各种各样的长刀短枪爱不释手，都想拥有一把属于自己的兵器，站在台上也能像武生一样精干勇猛。女孩子们有自己的想法，兵器是很有趣，不过设计精美、纹样精致的团扇和丝帕也是表演时必不可少的重要道具。孩子们对于戏曲表演的道具都做了初步的调查，通过查阅书籍，上网搜索，发现兵器的种类有很多，有些是常见的，还有些很特别，团扇、丝帕的纹样也是非常丰富，而且不同的花纹有不同的寓意，孩子们对这些都想进一步了解，甚至想亲眼看一看，玩一玩，与自己喜欢的道具亲密地接触一下。正巧,我们有相关的社区资源,在与京剧博物馆取得了联系后,孩子们带着自己想要了解的问题前去一探究竟。在京剧博物馆里,孩子们不仅亲眼看见了各种兵器,还不停地向讲解的老师发问,想了解每样兵器的用途,以及什么角色会使用哪件兵器,讲解的老师也被孩子们打动,耐心细致地为孩子们一一解说。从京剧博物馆回来后,孩子们对于道具都有了更深入的了解,表演组的孩子们也请道具组的同伴来帮忙制作表演时需要的道具,例如表演花木兰需要的红缨枪和马鞭,表演孙悟空需要的金箍棒,表演赵子龙需要的大刀,表演京剧《卖水》选段需要的团扇和丝帕等。道具组的孩子们会根据表演组的需求设计道具的图样,在幼儿园寻找以及回家后和爸爸妈妈共同收集合适的材料,动手制作,每一步他们都在努力尝试着。

图 9　制作演员表演道具

(4) 舞台组。

舞台组的孩子们想搭建一个漂亮的舞台供小朋友们演出时使用,包括设计也由他们来完成。舞台组的孩子们迁移自己观看戏曲时对舞台的观察与了解,他们说舞台要有红色的柱子、屋顶,屋顶边上还需要有翘角,但是这个翘角和真的房子的翘角不一样,没有那么弯。舞台上还要有背景,能让演员们的表演看起来更精彩。制作舞台上的柱子,绘制房檐,描绘舞台背景等,这些可都是大工程,在搭建舞台的过程中也有很多有趣的小故事。

舞台上又高又直的红柱子是怎么做出来的呢？在选材时孩子们很快就想到了使用圆柱形的奶粉罐，因为这是他们在进行建构游戏时的常用材料。在建构区中他们用奶粉罐来当桥墩、当房子的柱子时都很牢固，于是他们讨论后决定用一个个奶粉罐垒高来当舞台的柱子。但在搭建的过程中还是遇到了困难：首先，搭建的柱子需要很高，孩子们搭到四个奶粉罐的高度时再往上加就够不着了。他们立刻找来小椅子，站在小椅子上又往上加了两个，但是作为舞台柱子，这个高度远远不够，而且因为奶粉罐之间没有进行连接，不小心碰了一下就哗啦全倒了，孩子们很沮丧。教师鼓励孩子们不要灰心，并且和孩子一起讨论解决的方法。对于奶粉罐连接的问题，小朋友找来了宽透明胶带和剪刀，由于一个人无法把罐子连起来，孩子们开始了合作，一个人把两个罐子并拢按住，另一个把胶带粘在相接处固定，这样两个奶粉罐就连在一起了。在这过程中，教师引导孩子发现奶粉罐可以从两两连接再到四个四个连接，连接后就自然成了一根柱子，高度也合适，不仅解决了之前遇到的困难，也在过程中发现两个人合作工作的速度就会很快。在搭建舞台时遇到的挑战当然不止一个，但是孩子们不断地尝试、探究，合作与分工，戏曲大舞台即将闪亮登场！

图 10　搭建舞台

2. 一切没有那么容易，孩子们遇到了许多困难

孩子们每天干劲十足，在这个过程中，他们对戏曲越来越感兴趣，但也遇到了很多新的问题与困难。

(1) 关于戏服。

① 遇到的困难。

• 一针一线绣得太慢。刺绣只能绣出轮廓,里面一块的颜色怎么表现?图案复杂,太难绣!

• 想要的材料去哪里找?

• 材料找来啦,怎么用呢?

② 教师的支持。

教师给予孩子充分的探究、讨论的空间,并适当参与其中,引导孩子迁移原有的经验,探寻解决问题的办法。

孩子们的想法很多,想要在他们的戏服上实现琳琅满目的纹样,需要充分的资源保障。于是,教师和孩子共同收集丰富且适宜的材料投放到活动中去。

在缝制戏服的过程中,技术的确是最大的难题,但这为亲子共同参与活动提供了契机。于是,家长们也走进了班级,共同参与到与孩子缝制戏服的活动中来。

③ 教师的感悟。

在缝制戏服的整个过程中,最困难的就是将设计变为现实,这其中不仅涉及纹样的设计、材料的选择、缝制的技法,最重要的是孩子们在活动中坚持性的体现。我们也感受到了孩子们的变化:动作的发展、对艺术的欣赏与设计,以及对中华传统文化更加深入的了解。

图 11　戏服成品细节

（2）关于表演。

① 孩子的困惑。

- 他们总说我唱得不像。
- 看演员表演很轻松，自己演起来太难。

② 教师的支持。

教师和孩子查阅各类书籍、影像资料，分享讨论。并带着问题多次参访京剧博物馆，向专业老师寻求答案。还到戏校和专业的老师、学生们学习各种表演动作，亲身体验学习。也曾多次邀请民间艺术团来园现场表演，让孩子近距离感受戏曲的魅力。

③ 教师的感悟。

在和孩子解决问题的过程中，不仅孩子的经验得到了发展，教师自己也对戏曲有了更深入的认识，和孩子一样，渐渐地对戏曲着了迷。

准备就绪，大戏开锣

1. 观众的需求

经过了之前的准备，孩子们都迫不及待地想要快点表演了，不过随之而来又有了新的问题：我们的表演要观众来看呀，请谁来当观众呢？怎样让大家知道我们有演出呢？……针对新问题，孩子们又开始了一番思考与讨论：

问题一：怎样让大家知道我们有演出？邀请谁来看？

解决方案：通过一番讨论，孩子们决定制作海报进行宣传，让大家了解他们的演出活动。

问题二：观众来了坐哪里？

解决方案：孩子们说，就像电影院一样，要有一排排的座椅，于是他们到大礼堂摆放座位。

问题三：怎样找到座位？

解决方案：孩子们迁移观看演出的经验，绘制戏票，一份发给要来观看演出的观众，一份粘贴在椅背上。

问题四：找不到座位怎么办？

解决方案：孩子们讨论后安排了引导员的工作，为观众提供细致的引导。

问题五：这么多的事情谁来做？

解决方案：活动前，教师和孩子进行了集中讨论、规划，细致到人员分工。

这一切的准备工作都交由孩子们负责完成，作为教师，我们的根本目的就是将所有的机会都还给孩子们，那孩子们从中获得了哪些经验呢？

规划能力：教师和孩子共同讨论，在讨论的过程中形成活动方案，让每个孩子都参与其中，每个人都能主动发起活动，并在活动中出主意，想办法。

分工合作能力：在活动中，教师鼓励孩子能与同伴分工合作，遇到困难能一起克服。每个人负责不同的工作，但每个任务之间相互关联。这在设计戏票、摆放座位、绘制海报等活动中都能得以体现。

交往能力：教师鼓励孩子大胆、礼貌地与人交往，向幼儿园的老师和小朋友们进行宣传，绘制戏票并由孩子自主发放戏票，作为引导员的孩子还要学习接待引导观众们的方式等。

数学的经验：孩子能迁移剧院观看演出的经验，尝试给座位编号，演出现场的座位是单双号设计。

遵守基本的行为规范，理解规则的意义：每个孩子都认真地完成自己负责的任务，也体现了孩子在活动中的坚持性。

2. 大戏开锣啦！

万事俱备，大戏开锣啦！这一次的演出经历丰富了孩子们身兼演员和观众两种不同角色的经验，演员与观众都是主角。表演过后，孩子们也有很多的互动与反思：作为演员，他们对自己在舞台上的表现非常自信，每个人都积极地说着自己的进步与优点；作为观众，他们首先都对小演员们的表现给予肯定与鼓励，同时作为小观众的自己，也能尊重台上的演员们的表现与付出。

但是只表演了一次，孩子们觉得不过瘾，都说还想再表演。亲子班的老师们听说了他们的戏曲表演很精彩，邀请他们为弟弟妹妹演出。《3—6

岁儿童学习与发展指南》中提出,要鼓励孩子与不同的人群接触,通过不断地接触,丰富他们的表演经验。教师的作用就是要为孩子提供接触的机会,所以,老师和孩子们都很激动地接受了亲子班的邀请。但是孩子们也表达了自己的困惑:弟弟妹妹那么小,才两岁多,他们能看得懂吗?经过一番思考与讨论后,孩子们决定选择《孙悟空》作为表演的剧目,他们觉得孙悟空非常有趣,弟弟妹妹肯定听说过也一定会喜欢。好,就这么决定了!就这样,孩子们走进了亲子班,带去了弟弟妹妹们也很喜爱的《孙悟空》表演。

孩子们和家长、老师们都觉得戏曲活动非常有意义,尤其是孩子们,想让更多的人了解他们的活动,和他们一起进行关于戏曲的游戏,于是作为文化传播小使者,他们也开始向全园传播戏曲,“戏曲博物馆”的活动就这样开始啦。在“戏曲博物馆”的活动中,幼儿园的小朋友和家长、老师们都能来参与、体验戏曲活动,可以动手操作丰富的戏曲游戏,例如:画脸谱、泥工脸谱、刺绣……可以在现场穿上各式戏服,拿起道具,体验一下戏曲演员的角色;还可以尝试演奏各类乐器,了解戏曲乐器的特殊性;还能现场观看专业戏曲演员的精彩演出,亲身感受戏曲的魅力。通过“戏曲博物馆”的活动,也让更多的人接触到戏曲,了解到戏曲是有趣的、充满魅力的。

孩子们面对不同的人群、不同的观众类型,每一次都能适当地调整自己的展现形式,通过多次的展演、互动,他们也将自己对戏曲的热爱和经验带到了每一个人的身边。

戏曲在心中生根发芽

从开展戏曲活动以来,一次次活动的累积不仅丰富着孩子对戏曲的经验,也无形中渐渐加深了孩子对戏曲的热爱。有一天,午睡时,孩子们陆陆续续睡着了,午睡室格外安静,可时不时有一个声音一直在哼哼,于是我蹑手蹑脚地寻找,原来是谷天朗,蒙着被子不知道在哼着什么。我悄悄地在他身边停下来,侧耳倾听,差点笑出声来,原来这个小家伙在被子里练习《报灯名》呢,“这些个灯,那些个灯,灯官儿我一时报不清……”还挺字正腔圆的。这还没完呢,刚念完《报灯名》,又开始唱上了《说唱脸谱》,“蓝脸的窦尔敦盗御马,红脸的关公战长沙……”虽然蒙着被子,也能够想象他唱歌时陶醉的模样,每一次在表演组的孩子练习自己要表演的内容时,他总是跟着一起说、一起唱,回家以后也唱个不停,每一个京剧选段他都能一字不落地唱下来,唱起京剧来,他的小脸都散发着喜悦的光芒。我轻轻地拍拍他,他顿时没了动静,不过一会儿之后,他又悄悄把头蒙了起来,轻声地在被窝里不知道又唱起了哪一段。坐在他身边的我心想这就是发自内心的喜爱吧,喜爱戏曲的小种子正在他小小的心里生根、发芽。

对戏曲从了解到着迷的可不只是孩子们,感触最深的还有孩子的爸爸妈妈们,他们在戏曲活动的过程中也在和孩子共同思考、探究与成长。爸爸妈妈们也很用心,时常将孩子们接触戏曲活动以来的变化记录下来并反馈给老师,从这些反馈来看,孩子们对戏曲的经验在不断丰富,更重要的是,每个小细节都透露出孩子们对戏曲的热爱以及家长对孩子活动的肯定与支持。

图 12　家长在活动中的感悟

孩子们对戏曲的探究是深入的，对戏曲的情感与经验也在不断延续。晗晗从第一次在南博小剧场听戏开始，就迷上了戏曲，回家后就制作了一张脸谱面具，就是这一次活动，为她推开了戏曲的大门。这样一个平日里腼腆害羞的孩子，因为对戏曲的热爱，鼓足勇气走进后台，与她喜爱的演员近距离地接触，回家后更是激动地给家里的玩具们都画上了脸谱，还时不时地向玩具们介绍戏曲小知识。即使毕业后，她仍延续着对戏曲的热爱，多次参加各类京剧艺术节，不仅是作为观众，更多的是作为演员，站在台上自信地展现她热爱的戏曲；在旅行的过程中，也不忘去听听戏，还将演员的举手投足、一颦一笑都记录下来。今年暑假，她还跟随访美艺术团，参与北加州艺术节，作为文化传播小使者，让更多人了解中华传统文化，喜爱中国戏曲。

教师的感悟

曾经以为戏曲离我们很远，但现在戏曲不仅走到了我们的身边，还走进了我们的心灵深处。教师和孩子们越来越了解、喜欢戏曲，时不时地会哼唱京剧曲调，说起戏曲的一些小知识也头头是道，总是三五好友聚在一起翻看《中国京剧大全》，对书中的各种人物扮相、行当都交流讨论一番，这就是由心而发的热爱吧。这个活动，帮助我们推开了戏曲的大门，更重要的是在我们的心中种下了一颗小小的京剧的种子，这颗小种子渐渐地生根发芽，终有一日会成为参天大树，这就是我们心中的民族之根。

专家点评

作为中国传统文化艺术的瑰宝，戏曲里的脸谱、服饰、道具、连说带唱的舞台动作，都会让孩子产生好奇与尝试的冲动。既是缘于幼儿观看南京博物院戏曲剧场的现实经验，也是基于引导幼儿感知中国传统文化的课程自觉，幼儿园老师与大班的孩子们开启了他们“咿咿呀呀唱大戏”的活动主题。

带着对戏曲表演的跃跃欲试，孩子们从化妆、服装、道具，再到舞台的搭建等，各组分工，全面准备，继而开锣表演，组织观看，从本班再到更小年龄班级的“巡演”，孩子们的戏曲之旅，逐步推进，依次展开。整个活动过程，呈现出从兴趣生发，到条件创设，再到表演尝试的清晰线索与学习过程。幼儿学习探索的展开与路径，以及有组织的团体合作、小组分工与角色分配、遇到具体困难时的方法讨论与应对，背后是教师对幼儿活动进程有意识地设计与积极推进。就这一以戏曲为主题的活动组织及过程而言，突出体现了幼儿园课程建设中教师作为幼儿活动组织者与引导者的角色职能，只是这一角色职能的践履需要尽可能尊重幼儿学习与探索的主动性与积极性。

不可否认，这一围绕京剧戏曲而展开的主题活动，从画脸谱到戏服、道具的制作，以及戏曲作品资料的收集，都将进一步丰富和累积着传统文化教育的活动资源，让民族传统曲艺的文化因素融于幼儿园课程的实践体系中。正是在听戏曲、画脸谱、做戏服、唱词曲、上舞台的行动参与及各种尝试中，孩子们萌发了对京剧戏曲的喜爱之情，真实感受到了祖国传统曲艺文化的神奇与魅力。

（福建师范大学　丁海东）

我们的小池塘

江苏省苏州市高新区狮山中心幼儿园　朱筱雯

持续时间:2017 年 9 月至 2018 年 6 月

年龄段:大班

缘起

在幼儿园的东操场有一个美丽的小池塘,清清的池塘水和周围的木亭、小桥、假山、绿树构成了幼儿园一道美丽的风景,彰显着浓浓的苏州韵味。小池塘也是孩子们最喜欢的地方,池塘里灵动的小鱼、可爱的乌龟、黑黑的蝌蚪、绿绿的水草……都是他们最亲密的伙伴。夏天的小池塘更成了孩子们的乐园。带上工具,他们在池塘里抓小鱼,捞泥鳅;放入材料,他们在池塘里探究水的流动,物体的沉浮;拿起水枪,穿上雨衣,他们在小池塘边痛快地打着水仗。小池塘变身成了孩子们的捕鱼池、实验池和戏水池……但随着秋天脚步的临近,孩子们在小池塘里的活动逐渐减少了。

“老师,我们什么时候可以再去小池塘玩玩呢?”一天,当成成提出这个想法时,马上遭到了同伴的反对。

“不行,现在天冷了,不能玩水了,要生病的。”欣欣说。

“是的,只能在夏天玩水,夏天天气热。”洋洋附和道。

“我们等到夏天再去小池塘玩吧。”瑞瑞安慰成成说。

“好吧,那我再等等吧!”成成接受了同伴的建议。

孩子们有关小池塘的谈话引发了我们的思考:小池塘的活动仅仅只能在夏季开展吗?小池塘作为幼儿园的环境资源还可以如何被充分挖掘和有效利用呢?于是,《我们的小池塘》的故事就此拉开了帷幕。

池塘上有了一座“栏杆桥”

有关小池塘的讨论首先在教师中展开。通过日常观察和实地研讨,我们发现,在小池塘周围设置的木质围栏是影响幼儿活动和小池塘资源利用的关键,木质围栏不仅割裂了该区域幼儿的活动范围,更是把小池塘围成了一个无法活动的“死角”。于是,大家决定拆除池塘边的部分围栏,并将拆除的围栏架在池塘上,变成了一座小“桥”。拆除围栏拓宽了幼儿的活动空间,新架起的小“桥”在满足幼儿活动的同时也引发了大一班孩子们热烈的讨论。

图 1　第一座“栏杆桥”

“这是一座桥吗?”辰辰走在围栏上问身边的阳阳。

“是的,可以过河的就是桥”。阳阳回答。

“可是桥不是应该有栏杆吗?”辰辰指着身旁池塘上的小木桥反问道。

“我在书上看到的石桥,也没有栏杆,但它也是桥呀!”阳阳说。

“哦,那这是用栏杆做的桥,应该叫栏杆桥吧!”辰辰得意地说道。

“我还看见过像亭子一样的桥呢!”睿睿插嘴说。

“我知道,还有铁路桥、斜拉桥呢!”希希也加入了讨论。

由池塘上第一座“栏杆桥”引发的讨论,让我们及时捕捉到了孩子们的兴趣点,从满足幼儿的发展需要,支持他们的深度学习出发,我们生成了有关“桥”的主题活动。在主题活动中,孩子们认识了各种各样的桥,了解了各种桥的构造与作用,建构了许多桥的经验。而有关桥的探究活动又回到了小池塘。

大家动手造桥喽!

1. 池塘上有了好多桥

“我们的小池塘上可以用什么来搭桥呢?”基于该问题,孩子们在教师的支持和鼓励下开始了实践。他们在幼儿园里寻找各种各样的建桥材料,有的搬来了木梯、竹梯,有的找来了木板、木棒、积木等。大家在小池塘上摆摆、放放、拼拼、试试,在不断的尝试与探究中,小池塘上的桥越来越多了。

在实际操作和亲身体验的过程中,孩子们有了很多的收获与发现。他们发现,竹梯比较长,可以放在小池塘最宽的地方;木梯最短,只能放在池塘最窄的地方;木板有点晃,必须在中间垫上一块大石头,这样才能安全过桥;木梯有钩子的一面要朝下,这样不容易滑动,走起来才更安全……这些发现不仅帮助幼儿进一步拓展了有关“桥”的经验,同时也让他们感受到建桥活动所带来的成功体验,进一步激发了他们的探究愿望。

图 2 搭木梯桥

图 3 各种各样的桥

2. 这是一座“三木桥”

池塘上的桥越来越多了,这些不同难度的“桥”成了大一班孩子户外体育活动中的最爱。只要一有时间,孩子们就愿意去各种桥上走一走,练一练,不断挑战更高难度,体验成功。桥渐渐吸引着幼儿园更多的孩子进行活动。

随着练习次数的增加,带来的是孩子们动作的发展、能力的提高,与此同时他们对“桥”的难度也提出了新的要求。

在一次户外体育活动的过程中,思思问希希:“你见过独木桥吗?”

“我知道,那是用大树做的桥,最早的桥就是这样的。”希希回答道。

“独木桥是圆的,很难走的!”鑫鑫说。

“我才不怕呢,幼儿园的这些桥我都能走了。”辰辰自豪地说。

“我们要是也有座独木桥一定很好玩吧!”希希感叹道。

“要不我们再搭一座独木桥吧!”思思说道。

在当天活动后的分享交流中,思思就提出了想搭独木桥的想法。这个想法得到了大家的一致赞成。与此同时,新的问题也产生了:“我们的独木桥应该用什么来做呢?”在教师的引导下,孩子们通过讨论寻求解决的方法。

“独木桥当然是用木头做呀”睿睿说。

“不对,独木桥是用树干做的,而且要很粗的树干。”辰辰反驳道。

“木头不就是大树的树干吗?”希希笑着说。

“对哦,可我们去哪里找树干呢?”睿睿追问道。

“美术室旁边就有树干呀,可以做独木桥的。”小雨想出了办法。

“可是那些树干太细了,很容易被踩断。”思思提出了自己不同的意见。

“是的,树干太细也不能走呀。”轩轩说。

那可怎么办呀?树干的问题一下子难住了大家。“或者我们可以找谁帮帮忙?”这时教师进行了提醒。

“我们可以回家问问爸爸妈妈,看看他们有没有什么好办法?”

“我们也可以上网找找资料。”

“找后勤伯伯吧，他很能干的，什么都会做。”

“对，后勤伯伯肯定有办法的，我们去找他问一问吧！”

于是，孩子们找到了后勤伯伯，寻求帮助。后勤伯伯为孩子们出谋划策，他们很快找到了解决的方法，将几根树干捆绑在一起，不仅可以做成“独木桥”，同时也不用担心树干太细容易被踩断了。掌握方法后的孩子们豁然开朗，睿睿兴奋地说：“我知道了，木筏就是这样做的，上面可以坐很多的人。”思思笑着说：“这个是不是就是老师说的团结起来力量大呀！”

在孩子们和后勤伯伯的共同努力下，一座由三根长短、粗细不同的树干组成的“独木桥”诞生了。因为是由三根树干组成的，所以孩子们给它取了一个响亮的名字——“三木桥”。

图 4 “三木桥”上走一走

大一班孩子们新搭建的这座“三木桥”虽然是全园孩子公认的最“难”走的一座桥，但它的吸引力却是最大的，不管大班还是中班，不管男孩还是女孩，不管胆大的还是胆小的，孩子们都愿意以自己的方式去挑战这座最“难”的桥，克服困难，体验成功，小池塘成了他们的一个天然挑战场。

“三木桥”变变变

1. “三木桥”变窄了

材料的不断丰富，带来了难度的不断提升，促进着幼儿的不断发展，经过一段时间的活动，在一次活动后的分享交流环节，孩子们又提出了新的建议。

轩轩说：“我发现‘三木桥’一点都不难了。”

晨晨说：“是的，我都能在上面跑了。”

“有什么办法可以让‘三木桥’更好玩呢?”热烈的讨论在孩子们中展开了。

思思说：“可以顶着沙包过三木桥呀。”

子瑞说：“是的，我们还可以在桥上放一些障碍。”

调动着已有的活动经验，孩子们开始集思广益。

“要不我们把它变细点吧，这样会更有趣！”敏敏有了不同的想法。

图5 “二木桥”真难走

“那一定很好玩的，可是怎么变细呢?”嘟嘟提出了自己的问题。

“我们可以拿掉一根树干。”敏敏继续补充道。

“是的，可以拿掉最细的一根，这样走起来不会太难。”思思提出了更好的建议。

“哈哈，两根树干的桥，这不就变成二木桥了吗?”嘟嘟笑着说。

在后勤伯伯的帮助下，孩子们将最细的一根树干拿掉了，“三木桥”变窄了，成了孩子们口中的“二木桥”。

2. 池塘水放空喽！

变窄后的“二木桥”远没有孩子们想象的那样容易走，而且当时已经进入冬季，摇晃的“二木桥”，冰冷的池塘水，让好多孩子产生了顾虑。“‘二木桥’这么难走，掉到池塘怎么办?”热烈的讨论又开始了。根据自己的已有经验，孩子们通过小组讨论以绘画的形式记录下了自己的方法：加粗变回“三木桥”；找人帮忙；蹲着或爬着过桥；绕过去，不走“二木桥”；把小池塘的水放掉……

这么多的方法，哪一种是最有效的呢？在教师的引导下，孩子们通过讨论分享、投票表决，选举出了最有效的方法——把小池塘的水放掉，并说出了许多理由：

睿睿说：“没有水，走‘二木桥’我就不会很害怕。”

敏敏说：“没有水，掉下去也没有关系了。”

“我们还可以铺上垫子，这样就更安全。”轩轩说。

“冬天了，正好把池塘里的小乌龟和小鱼养在教室里，这样它们就不会冻死了。”洋洋也有自己的想法。

在征求了园长妈妈和其他班级孩子的意见后，池塘里的小动物和植物被邀请进了教室，小池塘里的水被放空。孩子们铺上垫子，自发开始了练习，从爬行过“二木桥”到慢慢尝试站起来小步挪行，再到逐渐能平稳地走过小桥。教师见证着孩子们的进步，收获着他们每天带来的“哇”时刻。

我们的池塘迷宫

1. 池塘变迷宫

放空水，铺上垫子的小池塘激发了孩子们无穷的想象力和积极的活动愿望，池塘里的各种爬行游戏开始了：或匍匐向前穿过各种桥洞，或上下穿梭练习“翻山越岭”，或背部着地仰面爬行，小小的池塘成了孩子们的天然练习场。

没过几天，简单的爬行游戏又不能满足孩子们的活动需求了，“小池塘还可以怎么玩”的讨论又开始了。在教师的引导下，孩子们开始自由组队、相互合作，对小池塘进行规划设计。各种各样的运动器材，如动物钻圈、呼啦圈架、平衡板、轮胎等被孩子们搬进了池塘，根据自己的设计图，孩子们将各种材料在小池塘里摆一摆、搭一搭、试一试、玩一玩，小池塘在他们的创意搭建下变身成了一个个有趣的迷宫。

在实际的搭建中，孩子们发现小池塘前宽后窄，并不是所有的材料都适合放在小池塘里的。于是在教师的帮助下，孩子们结合实践经验，整理出了适合在小池塘前部和后部搭建的不同材料。有了适宜材料的支撑，孩子们搭建的池塘迷宫变得更加多样、有趣。不同的“池塘迷宫”也开启了孩子们一个个有趣的冒险之旅。

图6　小池塘的规划图

图 7　池塘迷宫玩起来

图 8　轮胎钻圈真好玩

2. 规则自己定

伴随着池塘迷宫活动的深入开展，孩子们又发现了很多的问题，“成成经常插队，不排队”“玩跨池塘的游戏，我正好在下面，睿睿差点踩到我”“希希把跨栏碰到了，我都不可以爬了”……基于活动中出现的各种各样的问题，孩子们提出了需要制定“池塘迷宫”规则的想法。

在教师的帮助下，孩子们结合实践经验，通过分享讨论，确定了池塘迷宫的四条活动规则：①要排好队玩，中间保持距离；②不能从中间插队；③下面有人时不能玩跳池塘的游戏；④碰倒东西要扶好。规则的确定在保证活动秩序的同时也助推了活动的深入开展。

“池塘迷宫”的活动慢慢从大一班扩散到整个幼儿园，借鉴着大一班孩子们的搭建经验，其他班的孩子也开始行动起来，从规划设计到实践调整，小池塘成为今年冬天幼儿园里最热闹的运动区域。

春天的小池塘

随着春天脚步的临近，关于小池塘，孩子们又有了新的想法。

睿睿说：“春天到了，小池塘可以放水了，青蛙妈妈要产卵了！”

“是的，去年的池塘里就有许多的小蝌蚪。”洋洋说。

“那要快点放水了，小池塘里没有水，青蛙妈妈就没有地方生小蝌蚪了呀!”思思着急地说。

“春天了,我们应该把在班级里冬眠的乌龟送回家了。”

“小金鱼也应该回到小池塘里去了。”

顺应着儿童的发展需要,支持着他们的学习兴趣,“春回小池塘”的活动在大一班展开了。

1. 动手洗刷刷

在教师的带领下,孩子们开始行动了。当把池塘里的所有材料清空后,大家发现小池塘很脏,树叶、青苔到处都是,原本池塘里的鹅卵石也堆积在池塘边被踩得很脏。“一起打扫小池塘吧!”这个建议得到了孩子们的响应。

小池塘应该怎样打扫?需要什么工具?这些问题又成了孩子们讨论的新话题。调动已有的生活经验,在教师的帮助下,孩子们一起绘制了打扫的步骤图(清扫树叶、杂物—刷洗小池塘—收集清洗鹅卵石—鹅卵石放入小池塘—小池塘注水)。

对于打扫工具,孩子们都有各自不同的想法,晨晨说要带抹布和拖把,抹布可以擦池塘的边,拖把可以拖池塘的底;瑞瑞说要带刷子,刷子刷起来干净;成成说要带水桶,用水冲会很省力……我们尊重每个孩子独特的想法,鼓励他们利用双休日收集自己的打扫工具,同时引导他们回家问问爸爸妈妈,有没有更好的建议。在家长的支持下,周一来园时孩子们不仅带来了自己设想的工具,还带了爸爸妈妈们推荐的工具。于是,火热的打扫工作就展开了。

在成人眼里又脏又累又辛苦的清洗工作,在孩子们心中却是最有趣的游戏。在清洗池塘的过程中孩子们发现,不同的工具有不同的用处。长长的有柄的刷子刷池塘的边比较适合,圆柄的刷子刷池塘的底比较方便,抹布不太适合清洗池塘……由此,他们还整理出了适合清洗池塘的工具图,图上不仅记录了不同的打扫工具,还标注了每种工具的主要作用。在收集鹅卵石的过程中,孩子们自主地进行数的感知和量的比较;在搬运鹅卵石的过程中,孩子们尝试寻找各种工具,甚至想到了身上的裙子……孩子们在直接感知、实际操作和亲身体验中解决了问题,建构了经验,提升了能力。

2. 小小艺术家

在把鹅卵石放回小池塘时,孩子们突发奇想:用鹅卵石拼搭各种图案,小池塘肯定会更漂亮呀! 支持着儿童的想法与需要,池塘里的美术创意拼搭活动开始了,孩子们或独自创作,或三两结伴,利用鹅卵石开展着自己的艺术畅想,摩天轮、小猫、小鱼……一件件精美的作品在小池塘里诞生,小池塘成了孩子们的艺术殿堂,充满童趣的作品不仅表达着孩子们无限的想象力与创造力,也表达着他们对小池塘的热爱。

3. 邀请好朋友

小池塘注水结束后,孩子们的新问题又产生了:小池塘里除了可以有乌龟、小鱼,还可以邀请哪些新朋友呢? 这时,我们及时地提供了调查表,引导孩子们通过查询资料、经验分享等多种形式,寻找答案、拓展经验,并充分利用家长资源来支持幼儿的活动。在爸爸妈妈的帮助下,孩子们"邀请"到了许多新朋友,小池塘里住进了水葫芦、睡莲、小蝌蚪、小乌龟,还有曼妙的水草……我们的小池塘变得美丽又热闹!

4. 守护小池塘

第二天,当孩子们兴致勃勃地来到小池塘时,发现水面上漂浮着许多树叶和树枝,小池塘变脏了! 怎么办? 一场守护小池塘的保卫战拉开了帷幕。孩子们结合以前的打扫经验,寻找各种工具进行打捞,有的找来了塑料盆、小水桶,有的找来了木棒,还有的孩子找来了篮子和网兜。通过实践,大家发现,网兜是最适合打捞的工具。在大家的努力下,小池塘又恢复了原来整洁美丽的模样。

"小池塘又变干净了,真漂亮!""小池塘真美,我好喜欢它!"面对着焕然一新的小池塘,孩子们的喜爱之情溢于言表。"小池塘需要一直打扫才能又干净又漂亮,要不以后我们就定期来打扫小池塘吧!"当睿睿提出的这个建议,得到了全班孩子的热烈响应,在向园长妈妈提出申请后,小池塘成了大一班孩子们的一个劳动包干区。每周打捞树叶、树枝,定期刷洗小池塘成为孩子们新增的一项劳动内容。守护小池塘的劳动活动也让家长们欣喜地发现孩子的变化:他们变独立了,能自己的事情自己做;他们爱劳动了,能主动帮助父母做家务;他们更能干了,在尝试与探究中能完成许许多多的任务。孩子的变化也渐渐改变了家长的教育观念。家长开始尝试放手,信任孩子,支持和鼓励他们参与各种劳动。小池塘的活动促进了家长与幼儿的共同成长。

快乐的暑假结束了,守护小池塘的任务落在新一届大班孩子的身上,开学第一天,孩子们惊喜地发现池塘里增添了一个大家向往已久的大水车!小池塘又将引发孩子们怎样的探究活动呢?我们期待着孩子们带来更多的精彩……

教师的感悟

随着课程游戏化的深入开展,环境资源对幼儿发展的独特价值已经越来越为我们所重视。正如《幼儿园教育指导纲要(试行)》中指出的,环境是重要的教育资源,应通过创设并有效地利用环境来促进幼儿的发展。在小池塘的系列活动中,我们坚持这一教育理念,始终将环境资源视为儿童的“伙伴”,儿童的“活动对象”。追随着儿童的兴趣与需要,努力创设一切机会让他们与环境资源进行积极、有效的互动。在实践中,我们欣喜地发现,丰富适宜的资源给儿童带来的是综合、有效的自主学习。在与小池塘的一次次互动中,孩子们不断发现问题、挑战困难、解决问题,从而建构了经验,提升了能力,获得了发展。

《我们的小池塘》的故事也让我们认识到,资源的开发和利用是一个动态的发展过程。小池塘作为一个固定的户外环境资源,它的作用和价值在教师与儿童的不断探究与实践中被逐步挖掘和放大。小池塘的活动从最初仅仅在夏季开展拓展到可以在春、夏、秋、冬四个季节开展;活动的内容从科学探究逐步拓展到身体运动、劳动实践、艺术创想等等。资源的开发与利用如同儿童的发展一样,需要在不断的实践、尝试与调整中进行优化与完善。只有这样的资源才具有生命的气息,才能包容多样化的内容,才能更有利于幼儿的发展。

在资源开发和利用中，我们更深刻地认识到儿童的主体地位。在小池塘的故事中，这原本由教师发起的资源开发与利用的活动，因为有了儿童的参与，才得以不断深入地开展，“栏杆桥”—“三木桥”—“二木桥”—池塘迷宫—春回小池塘，资源不断被开发与利用的过程，也成了孩子们在活动中不断获得有益经验的过程。因为儿童是资源的使用者，所以他们更清楚自己需要怎样的资源，资源可以怎样被利用，现有的资源还可以怎样进行调整；而教师的作用在于尊重和信任儿童，在于细致观察后的有效支持，积极地鼓励儿童以自己的方式去发现和利用资源，去探究和改造资源，让他们真正成为资源的开发者、使用者、改造者。

专家点评

幼儿园一处长条状的小池塘，生动地记录了一段孩子们学习、探索与创造的课程故事，美丽着，走过秋冬春夏，令人欣喜而感动。从“栏杆桥”，到“长短桥”“三木桥”，再到“二木桥”，这是“桥”的故事；从水的放空，到各种有趣的“迷宫”创意和规则探索，这是“迷宫”的故事；而“动手洗刷刷”“小小艺术家”“邀请好朋友”，这是迎来春天的故事。故事的情节与延展，充溢着孩子的童趣与探索，真实而自然，和谐而丰满。

由小池塘衍生出的一系列幼儿活动，承载着幼儿丰富的主动学习与探索经验。建桥时，材料长短的对照；走桥时，宽窄与平稳的关系体验；创意迷宫里玩法的多样探索，相互议定的规则与遵循；池塘清洁的自主维护、鹅卵石铺设的图案设计、对小动物生命的爱惜，都饱含着幼儿的观察与发现、探索与思考、创造与合作。

围绕小池塘而生成的系列课程故事，给我们的启示与借鉴是多方面的。首先，是“小环境，大课程”。作为幼儿教师，只要有心、用心，就会意识到，幼儿园的一角一落、一花一草，都蕴含幼儿学习与发展的课程。伴随季节时令的变化，小池塘的方寸之地，构架起幼儿学习与探索的大空间。其次，是“幼儿在前，教师在后”。儿童主动的、有意义的学习是现代幼儿园课程的价值追求。幼儿在小池塘的种种探索与行动背后，是教师对孩子们兴趣、愿望，以及自主活动的充分尊重、支持与信任，并充分体现出幼儿活动开启在前、教师支持在后的课程实践。再次，是“在行动中学习”。幼儿的学习是以直接经验为基础的，是做中学、玩中学。小池塘的系列活动，由幼儿的动手操作、具体行动、亲身体验贯穿始终，从而让幼儿的学习与发展实现于自我与空间、材料、同伴的充分互动中。

（福建师范大学　丁海东）

新洗手池的故事

江苏省南京市太平巷幼儿园　张晓文

持续时间:2017 年 10 月至 2017 年 12 月

年龄段:大班

一个新的洗手池

周围生活环境的变化会给幼儿带来影响吗?比如一个新的洗手池,在孩子眼中它意味着什么?会发生什么有趣的故事呢?

国庆过后,孩子们来到幼儿园,发现教室里的盥洗室发生了很大的变化,换了一个新的洗手池。大家立刻被这个新的洗手池吸引了。孩子们纷纷感慨道:“这个洗手池好新啊,和之前的很不一样,比之前的那个漂亮多了。”大家都很喜欢这个新的洗手池。可是兴冲冲地使用了几天过后,孩子们发现这么漂亮的新洗手池使用起来也会有些小问题,比如白色的台面容易弄脏,变得不漂亮了。还有的孩子提出洗手间里没有镜子,而商场里、家里的洗手间都是有镜子的。对于孩子们的这些发现,老师们觉得有趣极了,想不到一个新的洗手池会引发孩子这么多的发现和思考。同时我们也觉得孩子们的问题是真实有趣的,非常有价值,教师应该鼓励孩子们想办法去解决问题。

1. 孩子们开始计划

白色的台面容易脏,那就需要一些清洁的工具。没有镜子,那就需要去买镜子。孩子们兴致勃勃地讨论出了需要的几样东西——刮子、镜子、抹布、肥皂。其实孩子们一开始的讨论更加多样,“除了肥皂,也可以用洗手液啊”“厕所里有时候会有一些味道,能买点空气清新剂就更好了”“商场的厕所里都会有自动烘干机,我们也可以买来用用”……要买这么多的东西,肯定需要很多钱。那我们想买的东西都是必需品吗?孩子们又有了不同的想法,有的认为既然需要那就可以买,有的则认为买东西也是要多考虑考虑的,不能浪费钱。在一番商讨过后,最终孩子们讨论出了几件必需品。虽然讨论出了需要的东西,但是要给班级添置新东西该去找谁呢?孩子们想到要去找幼儿园最厉害的园长老师,于是孩子们把自己的想法和需要用的东西用绘画的方式记录了下来,告诉了园长老师。

2. 给园长的信

园长老师认真倾听了孩子们的想法,她非常支持,但是也提出了一些问题。

图 1　把我们的想法告诉园长老师

园长老师说:“你们需要这些东西,那怎么获得这些东西呢?”

孩子们说:“买啊。”

园长老师问:“谁去买呢?”

孩子们回答道:“你去买啊。”

园长老师又问:“你们能不能自己尝试着去购买呢?”

孩子们惊讶地说:“啊?!”

回到教室后大家立马手舞足蹈地把园长老师的话转告给了全班幼儿。得知可以自己去买需要的东西,每个孩子都很兴奋。

经过孩子们的计划,最后我们确定了需要添置以下物品——刮子、镜子、抹布和肥皂。但这些东西从哪里来呢?小朋友们讨论后认为可以通过购买、制作获得。

制作肥皂

经过讨论,孩子们有了想法和目标之后,开始探索如何实现他们的想法。在讨论到肥皂时,孩子们的第一个想法是可以到超市买肥皂。但是班上的一个孩子之前恰巧有制作肥皂的经验,于是他提出可以自己来做肥皂。孩子们听了非常感兴趣,于是我们提供了材料,孩子们自己独立制作了肥皂。做出来的肥皂香香的,还很漂亮。用着自己制作的肥皂,孩子们平时洗手更加认真了。最后,孩子们还提出把做好的肥皂送给其他班的小朋友用一用。在肥皂获得了老师和小朋友们的一致好评后每个孩子都得意极了。

购买大行动

孩子们对于新洗手池的兴趣居高不下,教师开始思考跟随孩子们的兴趣开展相关的活动。如果开展这些活动,孩子可以获得哪些经验,又有哪些可利用的资源呢?初步的审议过后,我们认为孩子是可以收获多重经验的,并且我们也有很多可利用的资源,例如物质资源以及家长资源等。在综合多方面的考量后,我们觉得追随孩子的兴趣去开展相关的活动是可行的,并且是有价值的。于是我们的采购计划就正式提上日程了。

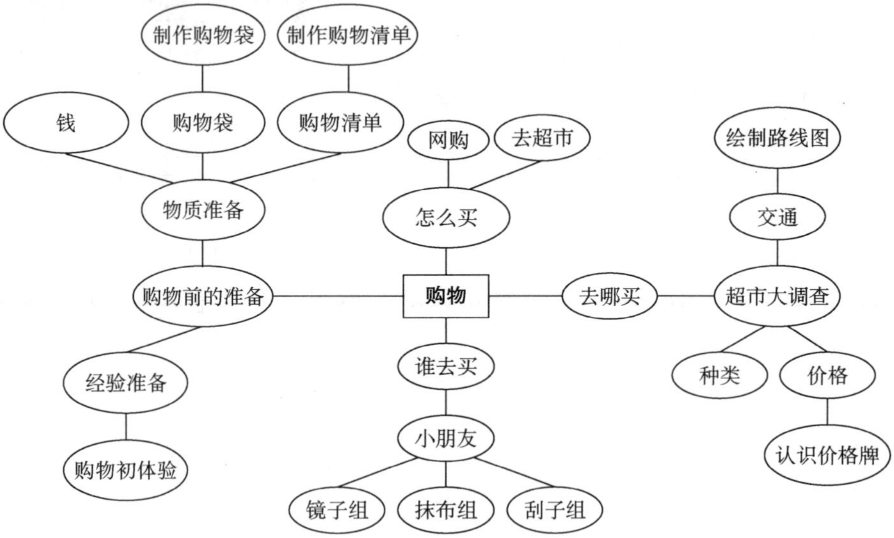

图 2　围绕着采购商品所开展的活动脉络图

要去买东西可要提前做好规划和准备,从教师的角度来说首先要理解孩子们关于购物的经验有哪些,可能存在哪些问题,他们的兴趣点会在哪里,可以组织哪些活动。老师们进行了许多前期的预设,当然,一切都需要从孩子们的经验出发。从孩子们的经验出发,跟随孩子的发现和兴趣,老师们组织了一系列的活动。

通过这些活动,孩子们关于购买的经验在不断地丰富、提升。在这些活动开展的过程中也发生了很多有趣的故事……

故事1:苏果超市购物记

故事背景:通过绘画、讨论等多种方式,老师们逐渐了解了孩子们关于购物的已有经验,虽然孩子们之前都有和爸爸妈妈一起外出购物的体验,但在这些购物活动中他们并不是主角,所以购物的经验是很零散的。于是我们请家长利用周末时间和孩子进行了一次购物初体验,让孩子体验购买商品的全过程。孩子们对于购物的话题越来越感兴趣了,经过一段时间的探索后,慢慢地他们也有了许多的收获,例如知道了购物的基本流程,了解了商品是如何摆放的,理解了超市里各种标识的意思……孩子们对于购物的愿望慢慢迫切起来,我们也觉得他们可以尝试一下在没有爸爸妈妈的帮助下进行一次独立的购物,于是苏果超市购物记诞生了。

小朋友们先一起讨论了去哪里购物最合适,最终选择了离幼儿园最近的羊皮巷苏果超市。孩子们每人准备了十元钱,列好了购物清单,做好了充足的准备。在整个购物的过程中孩子们都非常的独立。我们也发现其实孩子们在之前的购物过程中已经具备了一定的购物经验,但是也存在一些问题。例如购买的目的不明确,容易被各种好吃的、好玩儿的所吸引,对各种颜色的价格牌认识不清,付钱的时候很多孩子会出现钱不够的情况等。

购物结束后,我们请孩子们把他们的购物过程和感受记录下来,老师也记录了他们的一些问题。孩子们的问题有很多,收集了这些问题后,我们大家一起来尝试解决。有些问题孩子们自己就可以解决,有的问题在老师的帮助下可以解决,但是还有一些问题连老师也解决不了,这可怎么办呢?有的孩子提出请超市的工作人员来帮助解答。那怎么邀请超市的工作人员呢?

最后在保健老师的帮助下,我们请苏果超市的工作人员来一一解答了孩子们的问题。除此之外,我们还创设了相关的区域和游戏,例如开设“小象超市”,帮助孩子们不断提升关于购物的经验。

图 3　购物后的感受和问题

故事 2:我是小小调查员

故事背景:孩子们对于购物的经验越来越丰富,对于买东西,每个人都迫不及待地希望了解更多。我们所需要的东西哪里有的卖呢?要选择哪个超市呢?这个超市里有我们要买的东西吗?从幼儿园怎么过去呢?交通便利吗?一次有针对性的调查活动诞生了。

孩子们变成了小小调查员,走访了幼儿园附近的很多超市。他们调查了哪家超市有要采购的东西以及它的种类和价格,并绘制了一幅从幼儿园到超市的路线图。孩子们的调查地点主要集中在这四个地方——宜家、苏果、金润发和家乐福。在一起分享自己的调查结果时,孩子们有了很多的发现。原来不同的超市卖的东西是不同的,有的东西这个超市有的卖而其他的超市则没有,而且同样的商品在不同超市价格也是不同的。孩子们恍然大悟,原来买东西还有这么多门道啊,看来选择去哪里购物前还要仔细比较一下才行。到底选择哪一个呢?他们考虑到了各种因素,例如距离远近,交通是否便利,商品是否齐全以及商品的性价比等等。在综合各个因素之后,孩子们最终投票决定去宜家。之所以选择宜家,一方面是因为宜家的物品种类比较多、性价比高,另一方面也是因为相较于其他超市孩子们对宜家更为期待。

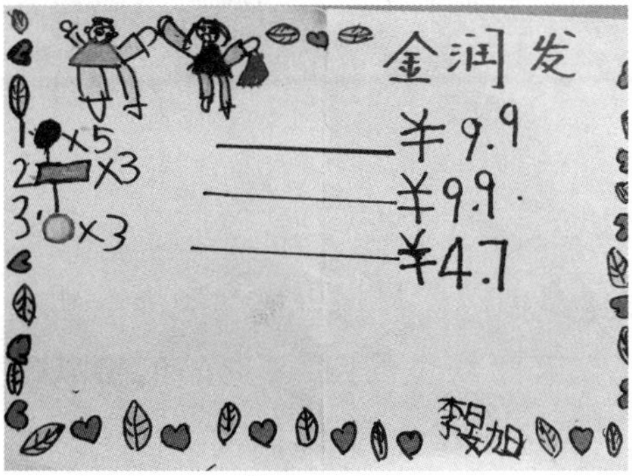

图 4 调查需要采购的物品

图 5 从幼儿园到超市的路线图

故事 3:我是地图小博士

故事背景:在调查、选择购买地点时,很多孩子调查了从幼儿园出发前往购买地点的路线,并绘制了路线图。在分享路线图的时候我们发现班上的孩子对于路线非常感兴趣,他们会手舞足蹈地和老师描述怎么从幼儿园前往金润发:"先左转,再直行,遇到红绿灯,在路口右转……"每个人都说得绘声绘色、头头是道。

作为教师,我们开始思考如何给予孩子更多的支持。于是我们邀请了班上的一位爸爸来和孩子一起学习如何看地图。孩子们的兴趣更加高涨了,班上很多孩子认地图的能力比老师还强。他们也有了很多有趣的小发现,例如他们发现马路上东西走向的路牌都是绿色的,南北走向的路牌都是蓝色的。对于这些爸爸妈妈都不知道的小发现,孩子们得意极了。

孩子们对于路线的兴趣持续高涨,我们又开始思考如何帮助孩子把他们现有的经验继续提升。于是一个新的区域活动应运而生。我们在班上创设了一个沙盘区,并请孩子们收集各种各样的关于南京的地图,例如手绘地图、卡通版地图,或者是一所学校的地图、一个商场的地图、一个景点的地图,把它们投放进区域中,孩子们可以先绘制路线图,然后在沙盘上操作。

故事 4:宜家知多少

故事背景:在大家决定了去宜家购买需要的物品后,一个新的问题出现了。孩子们对宜家既熟悉又陌生,很多孩子之前都有和爸爸妈妈一起在宜家购物的经历,但他们对于宜家的了解并不多,已有经验并不丰富。这该怎么办呢?

孩子们想出了各种方法:有的说可以问一问爸爸妈妈,他们基本都去过;有的说可以看一些宜家的宣传广告;还有的孩子提出可以利用周末和爸爸妈妈先去宜家做一些调查,例如了解宜家商场里的路线,商品的摆放位置、种类、价格,宜家工作人员的种类和职责……其实,老师们也提前考虑了很多,也想到可以给孩子们看一看宜家的官方网站等等。商量过后,孩子们觉得亲自去宜家看一看是最好的方法,于是他们利用周末时间开始了宜家大调查。

孩子们的调查都非常仔细,有的调查了我们要买的东西分布在宜家的什么位置,有的调查了宜家工作人员的种类,还有的调查了宜家商场的布局,并绘制了商场内部的路线图……

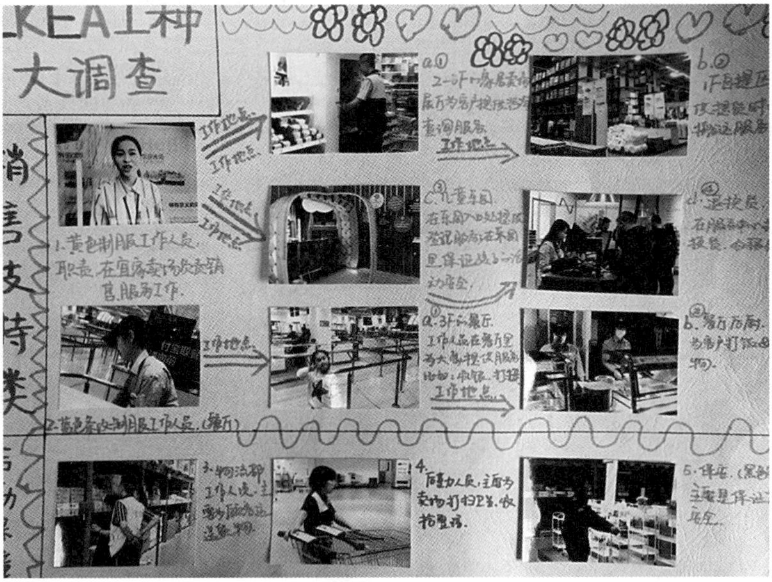

图 6　宜家工种大调查

图 7　宜家路线图

故事 5:小组分工,合作规划

故事背景:在对宜家有了一定的了解后,孩子们进入了购物前最后的准备环节。这么多人一起去买东西,需要分组吗?小组购买是不是更方便呢?

于是小朋友们自愿进行了分组,分别为刮子组、抹布组、镜子组。那么购物的过程中究竟要做些什么呢?特别是小组外出购物时,每个人的分工是什么?每个组的小朋友讨论并进行了规划,有的孩子负责管钱,有的孩子负责点名,有的孩子负责拿购物袋,有的孩子负责拍照……

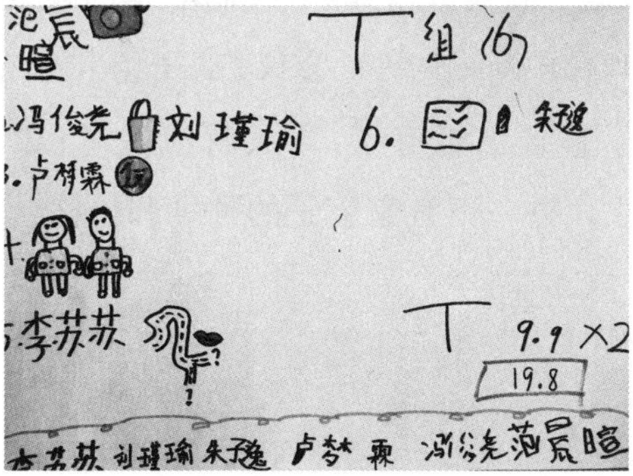

图 8　刮子组

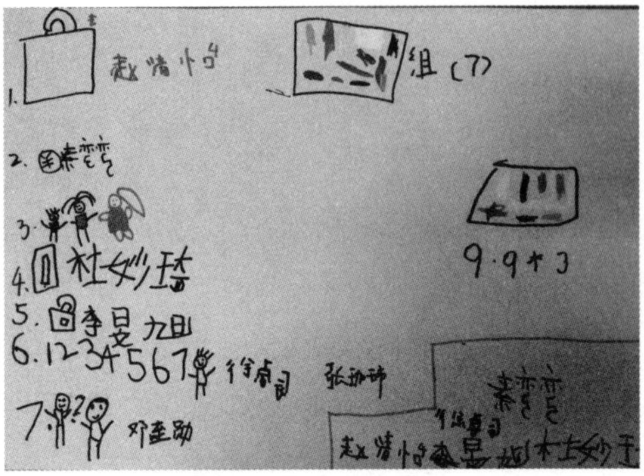

图 9　抹布组

图 10　镜子组

故事 6:要钱记

故事背景:一切看起来都在有条不紊地进行着,距离采购的日子越来越近了,孩子们突然反应过来,“我们没有钱啊”。买东西没有钱可不行,那钱从哪儿来呢?

讨论这个问题的时候孩子们的第一反应是“我爸爸妈妈有”,但是老师们觉得为集体买东西用爸爸妈妈的钱不合适。遇到了困难,孩子们又想到了幼儿园里最厉害的园长老师,他们又来寻求园长老师的帮助,每个小组选出一个代表把他们的需要、想法、每组的规划都告诉了园长老师。园长老师看到孩子们的规划里提到要买镜子,她想到幼儿园的资源室里好像就有一模一样的全新的镜子,于是她带着孩子们一起来到了资源室,果真找到了需要的镜子。找到镜子后我们给会计老师写了一张借条,从她那里领到了钱。钱是拿到了,过程却是一波三折,打乱了我们原本的计划。对于突如其来的问题,小朋友们立即召开了一个紧急会议,刮子组和抹布组的计划不变,镜子组有了一些变化。镜子已经有了,再买就浪费了,那不买镜子该怎么办呢?有小朋友提议去调查一下宜家镜子的种类和价格。

宜家欢乐购

孩子们翘首以盼的日子终于到了,宜家,我们来啦!活动分组进行,分为三组——刮子组、抹布组、镜子组。十点宜家开始营业后，各个小组就分头开始行动了。刮子组的小朋友们直奔目的地，很快就找到了要买的刮子；抹布组的小朋友们查看了商场内的路线图，最终也如愿买到了要买的抹布；镜子组的小朋友们则是调查了宜家里镜子的种类、价格，也有了很多的发现，原来有这么多种类的镜子啊，大小不同、形状不同，有的放在桌上，有的挂在墙上，还有的立在地面上。孩子们还发现了一面特别小却很贵的镜子，这面镜子为什么比其他的镜子贵这么多呢？原来它是限量版的……

图 11　向工作人员寻求帮助

图 12　找到抹布了

图 13　调查宜家的镜子

当天的亲子活动给大家留下了深刻的印象，从一开始的购物初体验到现在独立在宜家购物，这个过程中孩子们收获了很多。他们知道了如何辨别方位、查找路线，如何看商场的各种标识，当遇到困难的时候如何向工作人员求助……爸爸妈妈们对于孩子们的成长也非常有感触，一位妈妈写下了这样一段话："看起来这只是一次很普通的集体购物的亲子活动，但你不知道的是从孩子向园长'进言'到讨论采购商品，制订采购计划，进行人员分配，从超市初体验到苏果真实购物，每个孩子做了多次的实地调查。包括这次的宜家活动，孩子们事先进行了实地调查，再到今天，一群孩子独自完成自己的采购计划，虽然有老师和家长的帮助，但是这对于只有5—6 岁的他们来说，真是一件了不起的事情！孩子们不光觉得这是一个好玩有趣的游戏，他们还从中体会到团队意识、安全知识、职业工种、公共礼仪……”

故事讲到这里，可能大家觉得快要结束了，别急，故事还没完呢……

新的小困扰

新的问题：需要的东西都有了，可是孩子们又有了新的困扰，找来的镜子要放在哪里呢？

孩子们有很多种想法。有的认为可以把四面镜子竖起来拼成一面全身镜，有的认为可以把四面小镜子拼成一面大镜子，还有的认为要在每一面墙上分别放一面镜子，还要留出一块来给老师用。最后大家统一了意见，把镜子安装在盥洗室的墙壁上。

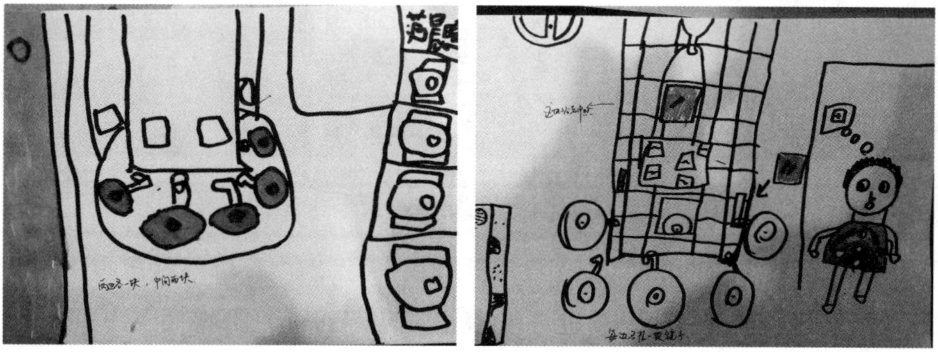

图 14　孩子们的规划

新的问题：买来的刮子、抹布投放使用以后，谁来负责打扫呢？值日生吗？

孩子们一致觉得，不能仅仅依靠值日生，卫生整洁靠大家，只要发现洗手池脏了谁都可以来打扫。那段时间，孩子们打扫的热情空前高涨，经常有孩子跑来说：“老师，洗手池好脏啊，台面上好多水渍，不过我把它打扫干净了。”我们想这就是主人翁意识吧。

图 15　安装镜子

图 16　卫生整洁靠大家

故事里的小缺憾

1. 也许下次可以找找问题的根本原因

再美的故事也难免会有遗憾，在最初孩子们发现新洗手池容易脏的问题时，我们一起讨论了解决的办法，却没有和孩子们一起去寻找问题存在的最根本的原因。也许是因为大家洗手的方式不对，比如水开得太大了，所以新洗手池才容易弄脏。让孩子去尝试找出生活中所发现的问题背后的根本原因，这对于孩子来说也是充满意义的。

2. 也许下次可以试试网购

最初讨论的时候谈到购买方式，有的孩子提到了网购，但是我们没有对此进一步展开。其实网购离孩子们现在的生活并不远，他们对于网购已经有了一些前期经验，也许下次可以和孩子一起试一试网购商品。

教师的感悟

什么是学习？什么是教育？克伯屈说："教育属于生活，教育为了生活，而且教育要依赖并借助于生活。”这次的主题活动是一次生成活动，它来源于幼儿的生活和发现，教师跟随幼儿的发现和兴趣生成了一系列的活动，在整个主题的开展过程中幼儿和教师都有了很多收获。

1. 幼儿的收获

对幼儿来说，他们最大的收获是能够意识到自己是集体中的一分子，可以为这个集体出谋划策。而教师也能够俯下身去认真地听取他们的建议，并能够按他们的想法开展各种活动。同时，在活动开展的过程中幼儿的规划能力、调查能力、与人沟通的能力、与同伴合作的能力、解决问题的能力等都得到了提升。让我们感触最深的是在同伴合作的过程中，当幼儿在相互交流中产生不同意见的时候，不需要成人的帮助，他们自己会想办法维持情况的稳定、协调彼此间的矛盾。毕竟，冲突是难免的，有时候幼儿会意识到彼此的想法有冲突，但他们会各自退一步，以维持同伴间的和谐稳定。但是，观念的冲突还会出现。认知的冲突并非总是表现为当面对抗，也可以是爱的行为，温和、平静地相互接纳。尝试去倾听别人的想法、接纳别人的观点是幼儿在这个过程中学会的重要一课。

2. 教师的收获

《3—6 岁儿童学习与发展指南》解读中提到，幼儿以自己的生活为主要活动对象，又以自己的生活为主要学习途径，并以更好地适应生活为学习目的，即为了学会生活、通过生活来学习生活。开展完这个主题后，我更加深刻地理解了这段话。在活动开始之初教师虽然也对活动进行了预设，但是最后我们发现所做的远远不止这些。而这个主题下的活动之所以如此丰富，得益于孩子们每天的发现，正是他们的思考、调查、发现推动着我们的活动不断前进。而在这个过程中教师所做的只是跟随孩子、引导孩子，提供帮助、予以支持，让他们的经验不断拓展、提升。围绕着这个新洗手池发生的故事，更让我坚信了一点，课程来源于幼儿的生活，而且是最真实的生活，因为在真实的生活中幼儿才会有更多的发现、思考和兴趣。以此为信念，我们永远在路上……

专家点评

陶行知先生说,“生活无时不变,即生活无时不含有教育的意义”。《新洗手池的故事》围绕幼儿生活中“洗手池的更换”这一小变化,继而引发了师幼共同探究的历程,彰显了生活的教育价值,实现了幼儿园课程的生活化、游戏化。个人认为该故事有以下三点值得借鉴与学习:

第一,该故事体现了教师强烈的课程意识。洗手池的更换是个微不足道的生活事件,但是教师就抓住了幼儿这样一个小的兴趣点,既基于幼儿兴趣和已有经验开展有趣、适宜的活动,又能进行价值审议与判断,使活动能给幼儿带来挑战并有发展价值,从而将简单的生活事件课程化,发挥幼儿主体性,让幼儿自主地进行研讨、计划、实践、交流,促进幼儿新经验的获得。

第二,该故事体现了教师良好的儿童意识。活动中,教师支持幼儿感兴趣的活动,积极回应幼儿抛出的问题,又及时、适宜地抛回幼儿的问题,引发幼儿持续探索;发挥幼儿自身经验的价值,激发幼儿之间相互学习与帮助,创设宽松的氛围,鼓励幼儿进行各种想象与计划,推进了幼儿活动的深入与具化。

第三,该故事体现了教师良好的课程资源开发、利用的能力。幼儿园课程是师幼共同生活、互学共生的过程,是教育者、受教育者以及教育媒介三要素在活动中相互作用的过程。该活动中,教师借助园长、家长、幼儿同伴等人力资源,利用商超等社区资源,给幼儿提供各种操作材料与工具,让幼儿在直接感知、实际操作、亲身体验中学习如何应对问题、做购物计划、制作肥皂与地图、进行实际购物,有效地支持孩子喜欢做、能够做和应该做的事情,实现幼儿有益经验的有效获得。

（苏州幼儿师范高等专科学校　张　晗）

宝船探秘

江苏省南京市实验幼儿园　刘　静

持续时间:2017 年 4 月至 2017 年 6 月

年龄段:大班

缘起

孩子们生活的城市是美丽的南京,在进入综合课程“我们的家乡”主题活动之前,老师和孩子们进行了一次谈话,初步介绍了主题情况,也请孩子们收集主题的相关资料。其中,有个孩子带来了一段介绍南京的视频“金陵节拍”,里面介绍了许多南京的名胜古迹。看完视频,孩子们对名胜古迹产生了浓厚兴趣,他们围绕名胜古迹展开了讨论:“夫子庙我去过!很好玩!”“我知道南京的城墙!”“我在玄武湖公园划过船!”……不妨,我们就从名胜古迹的话题切入主题。那么,孩子们对于南京名胜古迹的了解有多少呢?

想去哪里玩?——确定探究主体

1. 基于谈话的经验了解

在开始“名胜古迹”的话题之前,我们和孩子们进行了一次谈话,结合几个核心问题对孩子们的已有经验展开了初步的了解:“你是哪里人?”“你知道南京有哪些好玩的地方?”“你去过哪些地方?”

全班一共 20 人参与谈话,有 15 人能说出自己是南京人,有 5 人说出自己是中国人,我们又对这 5 个人进一步选择性追问“你是上海人、苏州人还是南京人?”,引导后幼儿能说出自己是南京人。因此,能判断出幼儿比较确定自己是南京人。

对幼儿回答的“南京好玩的地方”“去过的地方”统计如下：

景点统计

景点种类	回答人数
名胜古迹类，如紫金山、夫子庙、中山陵	8 人
社区周边公园类，如玄武湖公园、绿博园、莫愁湖公园	12 人
商场游乐场类，如万达广场、环宇城、奇乐儿	16 人

可见，幼儿对社区周边公园和商场游乐场比名胜古迹更为熟悉，换言之，幼儿对南京的名胜古迹并不十分了解。

图 1　孩子们介绍走访的名胜古迹

2. 遍访南京的名胜古迹，分享游玩经验

基于幼儿对名胜古迹了解的经验，在开始探究之旅之前，我们请孩子们利用假期走访了南京各处的名胜古迹，并把游玩经历做成“我是南京小导游”的简报，带来幼儿园和大家分享。分享活动持续了整整一个星期，在这个基础上，孩子们对南京的各个景点有了大致的了解。

3. 一起来投票，确定探究主体

孩子们提出了一个问题：“这么多的名胜古迹，我们怎么能都去参观呀？”是啊，如果一一去参观了解，时间和精力一定不够。要想有深入探究的体验，最好还是对一处名胜古迹进行深入了解。和孩子们商量后，我们决定选出全班最想了解的一个地方。用什么方法选呢？在以往活动中（如“选择值日生劳动内容”），孩子们已经有过投票的经验。因此，我们决定以投票的形式，选出“我最想了解的一个地方”。依据两次投票的结果，我们最终确定了要去重点探究的地方——宝船公园。

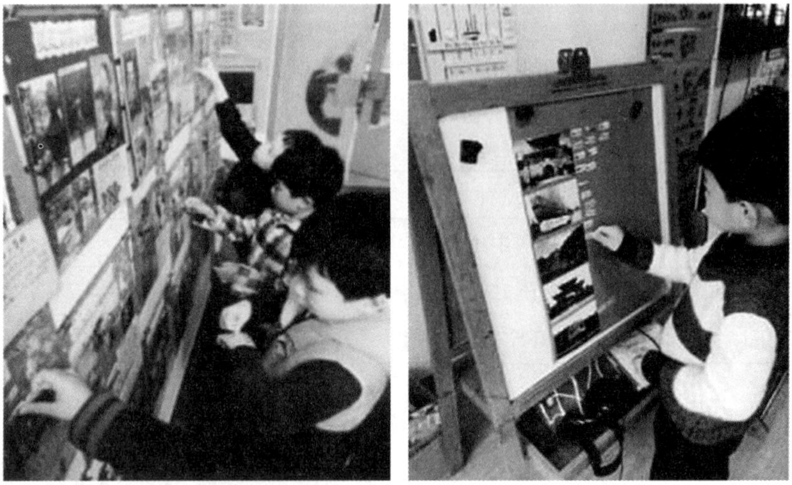

图 2　通过投票确定参观地点

走进宝船公园——跟随幼儿脚步,开启探究之旅

1. 教师的先行了解

宝船公园里有什么值得探索的景点?它们都位于哪个位置?它们背后有什么故事?对资源的了解与筛选是有效组织外出参观活动的前提保障。因此,教师决定先去实地考察,对宝船公园的景点、背景知识有一个系统的了解,为接下来孩子们的探究学习提供支持与保障。

2. 和家长一起初步调查

参观前,孩子们需要做什么功课?如果是以"一张白纸"的状态去参观,会不会还像以往一样只是一次"走马观花"?这一次,孩子们和家长先进行了一次预调查。通过上网查找资料、查阅书籍,初步了解了宝船公园里面有什么,是为了纪念谁而建造。在家长的支持下,孩子们带来了各类图片资料,他们也向大家介绍了自己了解到的宝船公园。

3. 参观之前的提问

有了和家长一起查阅资料的经验,孩子们进一步提出了想去宝船公园了解的问题,他们的问题主要分成两类,一类是关于宝船的结构,比如川川问:"木头是怎么连接的?"另一类是关于郑和下西洋的,比如小铁问:"两艘

图 3　收集的宝船公园资料

宝船碰到了一起怎么办?”辰辰问:“郑和为什么要带这么多人下西洋?”……孩子们提的问题非常具体。

图 4　参观前提出的问题

4. 带着问题,到宝船公园寻找答案

(1) 寻找问题的答案。

不同于以往以老师介绍为主的参观,这次是孩子结合自己的问题在参观过程中边问边寻找答案,老师有针对性地进行讲解。例如,对川川的问题"船上的木头怎么连接",我们在展厅里结合实物具体讲解了榫和凹槽的契合。孩子们参观时的专注度很高,当找到自己问题的答案时,非常惊喜。

图5 在宝船公园寻找问题的答案

宝船公园最吸引幼儿的便是其中的大宝船模型,孩子们在参观前就产生了强烈的好奇心,都想上去一探究竟。当大宝船真的呈现在孩子们面前时,他们还是被震撼了,兴奋之情溢于言表。然而,因为大宝船年久失修,出于安全考虑,教师没有让孩子们登上宝船。不能上船很遗憾,那么如何满足幼儿想探究宝船的强烈愿望呢?既然大宝船真实、直观地呈现在面前,如何让幼儿与大宝船产生互动?教师该提供什么支持?基于这些思考,教师请孩子们拿出带来的画板和纸笔为宝船"拍张照片"。他们坐在大宝船面前,

图6 写生大宝船

一边观察，一边涂涂画画，记录下大宝船最直观的特征：两头高中间低，船头有个老虎头，还有只眼睛，船上有高高的杆子，还有房子呢……孩子们关注到许多细节，他们对这些船上细节的作用也议论开了。

（2）产生新的问题。

参观的过程不仅解决了孩子们事先提出的问题，还产生了许多新的问题。比如，孩子们对展厅门口的铜钟很感兴趣：铜钟是干什么的？他们也展开了猜想：提醒工人劳动；提醒大家有海盗；提醒大家吃饭……孩子们基于自己的经验，说出了各不相同的有趣答案。

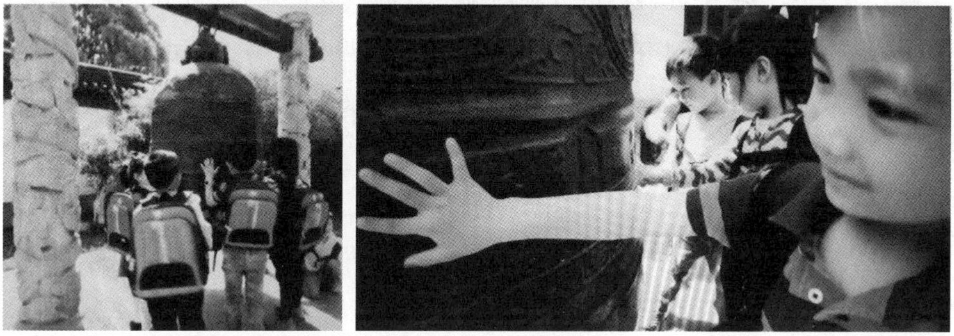

图7　发现新问题

5. 趁热打铁，记录答案，发现新问题

参观归来，孩子们既结合自己原先的问题用绘画的形式记录答案，又提出了自己想进一步了解的新问题。主要分为两大类：关于“宝船”和关于

图8　记录新问题

“郑和下西洋”。于是“探寻宝船的秘密”和“郑和带我下西洋”这两条线索便应运而生。

探寻宝船的秘密——了解宝船结构，进入船的世界

1. 延续参观经验，探究宝船结构

由于没能登上宝船实地了解宝船的结构，孩子们对此充满好奇，想一探究竟的愿望更强烈了。如何弥补不能登上宝船探究的遗憾？从哪些途径去了解？收集哪些相关资料？可以利用哪些资源？我们将这些问题抛出来与孩子们共同商讨。因为有了之前针对宝船公园查找资料的经验，孩子们纷纷提出可以通过网络搜索或翻阅图书查找的方式收集关于宝船结构的资料。

孩子们的探究热情感染了家长，他们的积极性也被调动起来，提供了各种资源，如打印的图文资料、图书，有的家长为了让孩子们近距离观察宝船结构，特意提供了宝船的模型。

图 9　家长协助孩子收集的图书和宝船模型

有了多种学习资源的支持，孩子们在直接感知、实际操作中深入地了解到宝船分为船舱、船头、船尾、船帆、甲板等主要部分，且每部分都有不同的功能。

他们将自己最喜欢的宝船结构画了下来，并结合宝船的分解图呈现在

主题墙上。这种新颖的展示形式非常直观,吸引了不少孩子去欣赏。他们会时不时地去看一看、指一指:“这是我画的。”每天他们还会产生一些讨论:比如郑和去印度交换得来的香料,应该是藏在船舱里面的;士兵会在甲板上面操练;靠岸的时候要用到船头的锚;风吹动船帆,宝船就能航行了……

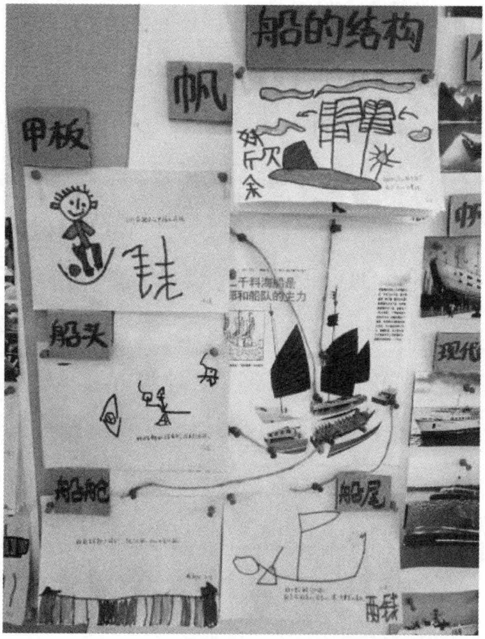

图 10　宝船结构

2. 问题的推进,继续探究更多的船

通过对郑和宝船结构的研究,有的孩子又进一步提出了问题:“其他的船是什么样的?船是怎样从那么小变得这么大的?”问题引发孩子们开始关注其他的船只,并逐步了解到船的发展史。

图 11　船的发展史

原来,船是由独木舟发展到木筏、竹筏,继而发展成帆船,再到现代的船,体积不断变大,结构越来越复杂,功能也越来越强大。孩子们仿佛开启了一扇通往船的世界的大门,对船产生了浓厚的兴趣。

他们翻阅各自带来的图书,了解到原来船有着不同的种类,不同的结构,不同的功能。他们把自己最喜欢的船的样子画了下来,并根据船的发展顺序呈现在主题墙上。这又成为他们进一步探索和交流的资源，也为之后用多种方式建构船的活动，铺垫了经验。

3. 我是小船设计师——自主设计船只

了解了这么多种船的结构，孩子们产生了自己设计船的愿望。但是，如何绘制船的设计图成了一个新挑战。我们鼓励孩子们看了真实的船只设计稿，了解到上面应该包含的信息。有了参考，孩子们自己想出了办法，可以把船的样子画在左边，把用到的材料画在右边。

小妍的设计稿逻辑非常清晰，她想用建构区的积砖搭船。她用数字序号标明了材料，并且材料的形状和颜色都和船上的相应结构一一对应。“序号”的出现是老师没有预料到的，是孩子给我们的大大的惊喜，这也说明他们在解决真实问题中数学能力获得了发展。

孩子们设计的图纸和船的画报一起展示在班级环境中，他们获得了满满的成就感。

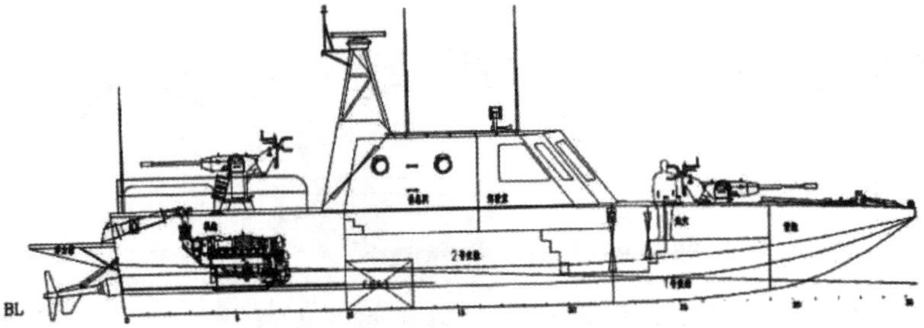

图 12　真实船只设计图

图 13　宝船设计稿

4. 我是小船建造师——多种形式建构“船”

有了设计图纸，孩子们迫切地想将愿望变成现实。于是，他们开始了各种各样建构“船”的活动。

（1）变废为宝造小船。

可以用什么材料造船呢？孩子们开始了头脑风暴，因为有过用废旧材料制作的经验，他们也想到了各种各样的材料：废旧纸盒、易拉罐、鸡蛋托、卷纸芯……每人都从家里收集了满满一包的“宝贝”，准备大干一场。

- **制作“铠甲勇士战船”**

石头和九诺来到美工区，他们决定做一艘“铠甲勇士战船”。

石头找到一块长方形纸板托做甲板，九诺提议：“我们用肥皂和牙膏盒来做船舱怎么样？”石头说：“不太好看，我们再来找找，把船变成战船。”九诺发现了鸡蛋托，他跳起来说：“就用它了，里面可以藏宝藏，还可以放子弹！”为了保护宝藏不被“偷”，九诺把卷纸筒当作柱子，并用太空泥固定。

船舱的柱子固定好后，石头先找来卡纸准备铺在上面，可是没成功，他又找到冰棒棍将其平铺在上面。九诺拿来长长的海报筒，当作“桅杆”。

战船初具规模，但他们依旧不满足这样的装备，继续根据自己对船的已有了解，寻找各种材料，不断完善战船的结构与功能。他们用吸管包住海报

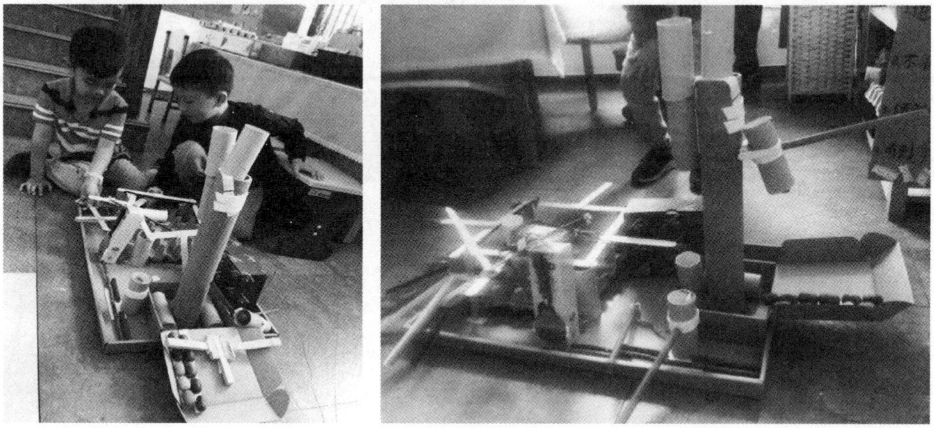

图 14 “铠甲勇士战船”

筒的一侧，作为导弹发射器，又找来一个小纸盒，当作战船的水闸和发动机……经过不断完善，最后“铠甲勇士战船”大功告成！

（2）旧材新用造小船。

雪花插片、蘑菇钉、乐高积木、积砖，这些材料可谓是孩子们的老朋友了。在“造小船”的活动中，由于这些材料结构性低，可塑性强，又一次受到了孩子们的关注与喜爱。他们根据自己的设计图，建构出各种各样的“小船”。我们将孩子们的设计图、船的照片、建构的成品或半成品，都作为背景呈现在环境中，构成了班级中浓浓的“船元素”，鼓励孩子们不断地创造。

图 15　用各种材料建构的“船”

（3）“爸爸”和我们造大船。

嘟嘟和小昕的一段对话引起了老师的注意。嘟嘟说：“我们拼的宝船太小了。”小昕说：“对呀，船要是很大很大，我们能坐在上面就好啦！”老师把他们的对话默默记在了心里。

一天晨间,老师请嘟嘟和小昕将他们的想法告诉大家,他们的想法一下子引发了全班幼儿的热烈响应。

天天说:“要是有一艘很大的船,我们就可以当郑和来指挥船队了。”

牛牛说:“那我就可以打海盗了。”

老师追问:“你们觉得用什么材料来做大船比较合适呢?”

多多说:“户外自主娃娃家里有好多大纸箱,我们可以用纸箱来做啊。”

恬恬说:“对对,娃娃家的纸箱是白色的,等船造好了还能在上面装饰呢!”

要造大船啦!孩子们兴奋地把好消息告诉爸爸妈妈。小昕的爸爸得知这一消息后,主动找到老师,表示想和孩子们一起制作大船。在制作过程中,孩子们和“爸爸”的配合十分默契。孩子们在大纸箱上画上窗户、门,“爸爸”负责裁剪;孩子们找工具、撕胶带,制作小零件,“爸爸”负责固定。大船的主体结构很快就完成了。

孩子们非常兴奋,还想把大船装饰得更漂亮。

壮壮说:“我在参观的时候,看到宝船上有两只大眼睛,我要把它画在上面。”

小昕说:“郑和在驾驶宝船的时候,还要抛锚,我们要在船边挖一个小洞,好抛锚。”

妍妍说:“我们还没有把大宝船涂上美丽的颜色呢!”

孩子们说干就干,自发在区域活动时为大宝船装饰。终于,大宝船在大家的齐心协力下,完美诞生啦!

图 16 “爸爸”和我们造大船

(4) 来到室外造大船。

孩子们不满足于搭建只能观赏的船,还想在更大的空间里搭建能真正登上去的船。于是,他们将搭建的热情自然延伸到了户外游戏中。在户外,他们利用大型积木、砖块、大纸箱等材料搭建出不同种类的船只,并在上面生发出了丰富的游戏情节。

- **一艘宝船的诞生**

孩子们将自己对于宝船结构的认知经验迁移到了搭建中。

天天和小昕取来中间镂空的四倍块搭建船舱,因为"这样可以藏好多东西",他们在里面放上树叶作为宝藏。

九诺提议要把船头和船尾做出来。可是怎么做呢?"前面是尖尖的,弯弯的。"壮壮找来小曲面倚在甲板旁边,可总是固定不住。小昕这时拿出三

图 17 搭建宝船

角形的积木说:“我有好办法啦,只要让船的一边翘起来就好了!”

小昕挠挠头说:“我们的船上还少些东西,怎么开船呢?”天天说:“我来做个桅杆吧!”他将圆柱形垒高,“我感觉还有点不像桅杆。”川川说:“在上面放一个三角形就可以啦。”于是三角形积木被加到圆柱体顶端当作旗。孩子们又用长方体搭出台阶:“有了楼梯,大家就可以上船啦!”

- **搭建船队**

基于参观宝船公园的经验,孩子们了解到郑和下西洋有一支庞大的船队。于是,在搭建完宝船后,他们又想搭建一支船队。

图 18　搭建船队

川川说:“报告船长,郑和带了 240 多艘船呢,我们才一艘宝船,肯定打不过海盗!”

天天连忙说:“我们赶紧再造出些小的战船,保护宝物!”

小昕跳下宝船:“快快,我们每个人再建造一些小船。”

于是,大家分头寻找材料,搭出了围绕在宝船边上的大大小小的战船:有的用积木围出一个小小的区域,中间放上圆形积木当作“方向盘”,这是“护卫船”;有的在船的前后都放上三角形积木作为“炮弹发射器”,这是“炮弹船”。孩子们对船结构的认知构成了建构活动的经验基础,他们的大胆尝试也促进了建构水平的提高。

郑和带我下西洋——了解郑和下西洋的故事，表演舞台剧

1. 初识——了解郑和下西洋的故事

（1）借助地球仪，了解郑和下西洋的路线。

为了使孩子们能更直观地感知郑和下西洋的路线，老师和孩子们来到幼儿园的大地球仪上一起寻找。借助地球仪，我们了解到郑和下西洋的起锚地、入海口、途径国家和地区、最远到达的地点等，深深地感受到路途的遥远与艰辛。

图 19　在地球仪上寻找郑和下西洋的路线

（2）书中畅游，继续了解郑和下西洋的故事。

了解了下西洋的路线，孩子们更想了解郑和七下西洋拜访国家的风土人情和途中发生的故事。于是，有的小朋友从家中带来了《镜头下的航海史诗》这本书。书中按照七下西洋的顺序，以图文结合的形式详细地介绍了沿途各国的风土人情，以及郑和船队与当地人的友好交往。

每到区域活动时间，孩子们便会仔细翻阅图书，与同伴和老师分享、讨论不同国家的风土人情。孩子们对郑和下西洋的兴趣越来越浓厚，主题图书资源也因为有了家长的支持，越来越丰富，《沉船的秘密》《郑和下西洋》等图书逐渐填满了书柜。

孩子们在图书区的阅读，丰富了他们对郑和下西洋的认识，为后来游戏情节的生发，充满表现力的表演铺垫了经验。

2. 小小调查员——尝试表征对郑和下西洋的了解

为了能更深入地了解郑和下西洋沿途国家的风土人情，大家商量后，选出了几个最为感兴趣的国家或地区，每人从其中选择自己最感兴趣的一个

地方进行深入了解，并尝试用绘画的形式表现当地的风土人情（如服饰、饮食、建筑、物产等）。

图 20　自主阅读郑和下西洋相关图书

与此同时，老师也为孩子们准备了一幅巨大的郑和下西洋路线图。孩子们将自己调查得到的信息呈现在对应地点。当全班孩子的调查内容都呈现在大地图上时，孩子们发出了欢乐的呼喊：“我们能知道郑和去过的所有国家啦！”

大地图成了老师和孩子们经常相聚的地方。大家聚集在一起，了解各个国家的位置，大胆介绍自己调查的内容。自主游戏时间，孩子们也会聚集在这里分享自己调查的内容。同伴学习的氛围自然形成了，孩子们的语言表述能力也得到了提高。

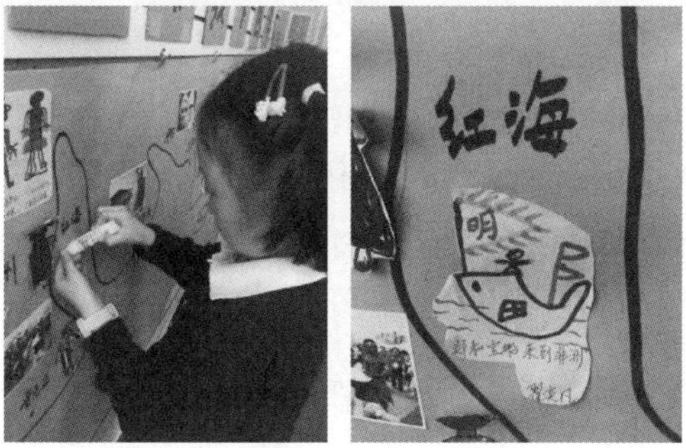

图 21　自主将调查内容贴在大地图上

图 22　根据大地图讲述郑和下西洋的故事

3. 初步表征——舞台剧的萌芽

(1) 小舞台的舞蹈表演。

孩子们非常喜爱郑和下西洋途经国家的文化,尤其对异域风情的装扮和舞蹈充满兴趣。女孩子们开始穿起漂亮的裙子,在小舞台游戏中跳起了充满热带风情的舞蹈。

一段时间后,孩子们主动说:"老师,可以给我们找一些好听的音乐吗?"看来她们不满足于无伴奏的自娱自乐了。于是,顺应她们的兴趣,基于她们对各地风土人情的已有认识,我们收集了不同地区特色的舞蹈视频:原始的台湾高山族舞蹈、热情的夏威夷舞蹈、神秘的印度舞蹈、奔放的非洲舞蹈等。孩子们边看视频边模仿表演,随着视频变换队形。有想法的孩子还会变成小导演,协调其他人的出场顺序。大家在音乐和舞蹈中既快乐又满足。

图 23　舞蹈表演

(2) 坐宝船去旅行。

紧挨着小舞台的,是深受孩子们欢迎的大宝船,他们都喜欢到里面玩游戏。孩子们根据以往的游戏经验和对郑和下西洋的了解,选出了船长、水手、售票员等角色,发展出了买票上船等游戏情节。波波喜欢当船长,他拿着玩具方向盘到宝船里,边转动方向盘边说:"要开船喽!"天天把手变成望远镜说:"我看到前面有一大片海。"小芝是售票员,她制作了一些船票,乘客需要买票后登船。

此外,他们还把旅行的情节和小舞台的表演联系了起来,小舞台成了他们跟随郑和拜访的“国家”。每到一个地方，船长波波总会说：“××到啦！请欣赏舞蹈！”不同国家的音乐响起，切换着“时空”，让人仿佛置身其中。

妍妍是娃娃家的妈妈，她带着宝宝坐船去旅行。船在行驶途中她突然着急地说：“我的宝宝生病了！”船长波波连忙说：“我们靠岸停船，请医生上船看病吧！”于是，小医生上船为宝宝看病，小医院的游戏也加入进来。就这样，孩子们根据自己的游戏经验与对郑和下西洋的认识，生发出了丰富的游戏情节。小小舞台剧在孩子们的不断表征中悄悄地萌芽了。

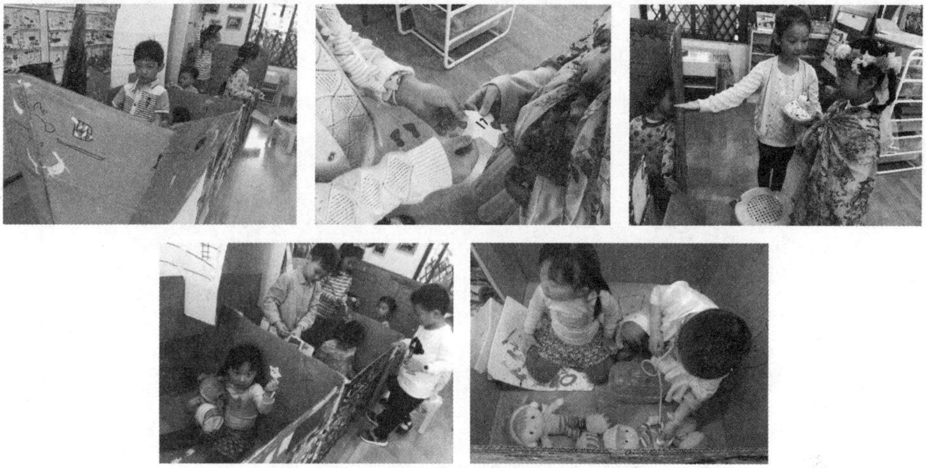

图 24　在大宝船上玩有趣的游戏

4. 郑和带我下西洋——舞台剧的诞生

孩子们在小舞台的表演和大宝船上的游戏情节构成了舞台剧“郑和下西洋”的主要内容。老师将孩子们的话语收集、统整、编排，写出了舞台剧本的雏形。在与孩子们的多次互动中，老师将剧本中的对白、场景布置、角色安排、背景音乐、道具设置等反复打磨，最终确定了剧本的定稿。接下来，我们一起开始了舞台剧的筹备工作。

（1）选角色风波。

郑和是每个男生都崇拜的角色。当老师问谁想来表演郑和时，许多男生积极报名。更让人惊喜的是，平日里偏内向、容易胆怯的棒棒也主动举起了手。老师陷入了思考：一方面郑和的表演者只能有一个，另一方面又不想打击孩子的积极性……看着孩子们期盼的眼神,老师顿时释然了:多几位"郑和",又何妨呢?最终,我们选出了三位男生扮演郑和。

同时,我们和孩子再次回顾郑和下西洋的故事,引导孩子发现更多有趣的角色。

原原说:"吴将军好厉害,我来演他!"

石头说:"印度国王好有趣,我来演国王吧!"

馒头说:"中国功夫挺厉害的,我喜欢打拳,我选中国功夫!"

图 25　自选角色

孩子们选角色的过程,也是对郑和下西洋故事再次回顾的过程。孩子们根据自己对角色和表演形式的喜好,自主选择自己想表演的节目。

(2) 舞台剧筹备小组。

选好了角色,舞台剧的筹备还要做哪些工作呢?我们和孩子们一起回忆看舞台剧的经历。

毛豆说:"我知道了,妈妈带我去看《白雪公主》的时候,我看到门口有一张好大的图片,上面画着白雪公主。"

小昕说:"应该还需要门票才能进去。"

图 26　师幼共同制订的筹备计划

嘟嘟说："我们还需要准备漂亮的衣服。"

天天说："我们要把舞台打扮得很漂亮。"

根据回答，老师帮助归类准备工作的类型，并以四张图标表示，分别为制作邀请函、设计海报、布置场景、制作道具。孩子们根据兴趣自由选择准备工作，由此我们形成了四个准备小组。

- 海报组

孩子们自己讨论出组内分工。

毛豆说："我们画的海报上面要有郑和，我就负责画郑和。"

天天说："我会写字，我来写郑和下西洋几个字。"

恬恬说："我来把海报装饰得更加漂亮。"

孩子们商量着，就把自己想做的事情画在了纸上，并在纸的左侧画上了需要的材料。

接下来的一段时间，孩子们自主进入美工区，根据分工，合作完成了"郑和下西洋"舞台剧的海报。

图 27　设计海报

- 邀请函组

孩子们参考了真实的舞台剧入场券，设计了邀请函的封面，画上了丰富的宝船元素，并注明邀请对象、时间、地点，邀请爸爸妈妈、年级组其他的小伙伴、大班哥哥姐姐、幼儿园其他老师前来观看演出。

- 道具组和场景布置组

在道具制作和场景布置时，孩子们更是开动脑筋。

图 28　设计邀请函

棒棒说:“我演的是郑和,我需要制作一把宝剑。”

小昕说:“船员们还需要望远镜呢,我可以拿班上的纸筒粘起来制作。”

嘟嘟说:“我们需要制作一片漂亮的大海,可是怎么弄呢?”

壮壮说:“我有好办法,我们找蓝色的纱巾呀。”

原原说:“我可以把家中鱼缸里的海星拿出来,放在纱巾上,这样就更像大海了。”

孩子们一边说着,一边把设计图和需要的材料画在了纸上。紧接着,他们根据设计图自主寻找材料,开始制作道具和场景布置材料。

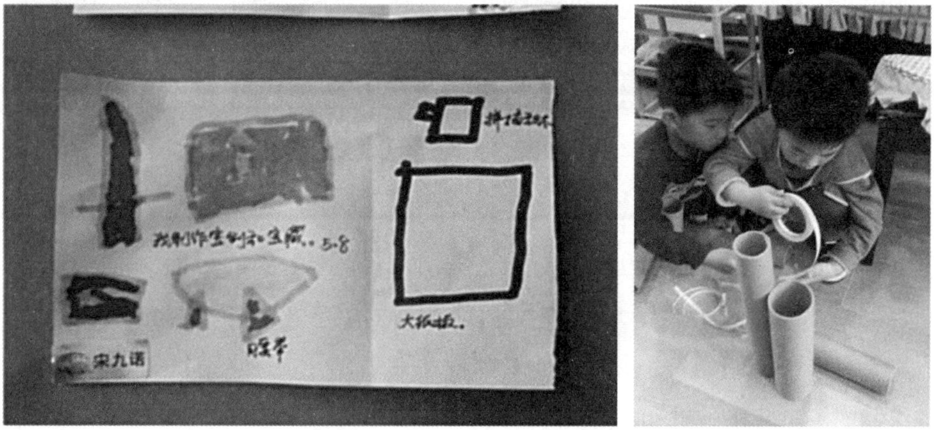

图 29　设计、制作道具

(3) 自主设计、制作演出服装。

除了分小组为舞台剧做准备，孩子们还为自己的角色设计演出服。有了之前自主设计船的经验，孩子们也画出了与小船设计稿类似的图纸，并根据图纸寻找各种合适的制作材料。孩子们也得到了家人的大力支持，和家人一起的制作过程也成了珍贵的亲子时间。

图 30　设计、自制演出服

(4) 在一日生活中渗透，灵活进行排练。

物质准备初步完成，接下来孩子们抓紧时间练习自己的节目。两位老师分了工，一位利用角色游戏时间，在小舞台和孩子们共同创编不同形式的舞蹈；另一位和几位扮演主要角色的孩子们练习台词。为了能够在有限的时间内高质量地进行排练,老师发挥聪明才智,将排练活动渗透到一日生活各环节中。如做早操时带着孩子们集体练习中国功夫;餐前活动时,老师分组带着舞蹈演员们进行排练;区域游戏时,主要角色的扮演者在语言区练习台词和动作等。渗透在一日生活中,孩子们并没有感受到刻意排练的压力,既收获了快乐,也取得了显著的成效。

图 31　利用一日生活各个环节排练

(5) 舞台剧的成功演出。

当"开闸放水,扬帆起航"的口号响起,舞台剧"郑和下西洋"正式演出!

"郑和们"一字一句地说着台词,努力记着自己的走位和动作;"高山族的女孩"美丽又温柔;"神秘的印度女孩"热情又奔放;"非洲部落的小伙子"敲着鼓点;表演中国功夫的小伙子神气又精神!尽管还略显稚拙,但是孩子们认真投入的模样感动了在座的每位观众。

演出圆满完成,热烈的掌声久久不息,有的家长留下了感慨的泪水。

棒棒奶奶激动地说道："非常感谢老师！大家都知道我们棒棒一直是一个很害羞很胆小的孩子。这次他主动要求演郑和，并得到了很多的鼓励。老师和小朋友鼓励他，告诉他演得非常好。作为家长我太感动了，看到孩子在舞台上自信的表演，我就知道在这其中老师倾注了非常多的心血。"

原原妈妈也站起来说："是的，得知我们家孩子要演吴将军的时候，我都有点不太相信，我害怕他演不好。但是很感谢老师的信任，说要给孩子一样多的机会，相信他一定可以。我今天看到他真的做到了，谢谢老师！"

另一位妈妈也站起来说："说实话，我真的很惊讶老师们没有占用孩子学习的时间，也没有请我们家长过多的做什么。并且班上每个孩子都没有落下，每个人在表演中都非常重要，所以我很敬佩我们的老师，感谢遇到了这么好的老师。"

在后面的交流中，家长们交流着"宝船探秘"主题活动对孩子的影响。

图 32　小小舞台剧正式演出

有的家长表示在家中非常惊喜地听到孩子介绍郑和的故事,以及知道明朝的皇帝等历史故事。有的孩子一回到家就主动拿着乐高或者其他积木造船,有的孩子周末主动要求和爸爸妈妈再次去宝船公园参观……听到家长的反馈,老师心中满是惊喜与欣慰。

教师的感悟

“宝船探秘”的主题活动,是我们班的一次班本化学习尝试,是孩子们第一次真正意义上的自主学习、深度学习。孩子们遵循自己的兴趣,生发了各种各样围绕宝船、郑和下西洋的活动,循序渐进,逐层深入。过程中,孩子们会随着探究的深入,不断习得各种能力,获得各方面的发展。教师要做的是不断地为孩子们创造机会、创设环境,不断地支持孩子们的探究。在这个过程中,教师始终陪伴在孩子的身边,为他们的学习提供各种支持,同时也收获了很多惊喜。

专家点评

“宝船探秘”课程主题非常具象，也饱含发展价值。该活动聚焦于幼儿对宝船的结构、功用、历史、文化的探索，由此将生活的、科学的、艺术的、文化的意义都卷入其中，并努力尝试着把孩子学习和发展的各个维度整合起来，体现出该课程主题的独特性、发展性和系统性。个人认为该课程故事有以下三点值得借鉴与学习：

第一，课程开发由“儿童本位”向“儿童发展本位”转变。儿童是中心，儿童是课程的出发点和归宿。但仅仅谈儿童本位，没有儿童的发展，就不能体现课程自身的价值。《幼儿园教育指导纲要（试行）》指出要让儿童在快乐的童年生活中获得有益于身心发展的经验，《3—6岁儿童学习与发展指南》讲让幼儿度过快乐而有意义的童年。所以，在幼儿园当中只讲快乐，或者只讲儿童本位是片面的，不仅要立足于儿童，而且要立足于儿童的发展。该活动一开始就分析“宝船探秘”对幼儿的发展价值，活动过程中教师重视有效与有趣的结合，将教育目的自然地融于活动。

第二，课程设计与实施是教师专业责任所在。幼儿园教师能不能静待花开？幼儿园作为教育机构，有自身的教育任务；幼儿园教师作为专业的“园丁”，不可能只是消极地静待花开。完全静待花开的地方是“荒野”也非“花园”，只静待花开也不需要园丁。花园的园丁要担负自身的责任，适时、适宜地给花施肥、除草、灌溉、修剪。同样，教师也要对课程设计与实施负责，用自己的专业让幼儿愉快、有效地学习与发展。

第三，课程故事要符合事件发生、发展的自然逻辑。纵向上，要有清晰的脉络，要一个问题接着一个问题，解决原问题又产生新问题，层层递进自然延伸下去；横向上，要关注到幼儿发展的各个方面。纵向上要强调递进与挑战，让孩子去质疑、反思、探索，生发幼儿的深度学习，关注幼儿经验的深度；横向上要强调整合与互动，让孩子与各种材料、人物产生对话，从多个视角理解经验的不同维度，关注幼儿经验获得全面性。

（苏州幼儿师范高等专科学校　张　晗）

孩子们的自由角色区

北京市西城区棉花胡同幼儿园　王芳芳

持续时间:2018 年 3 月至 2018 年 12 月

年龄段:大班

角色区没人玩了

在孩子们的眼里,成人是很了不起的,他们对成人世界充满着幻想和憧憬,于是他们经常通过角色扮演游戏,来满足自己的这种需要。经过一段时间的观察,我发现虽然孩子们一直比较喜欢角色扮演游戏,但是往往游戏开展初期孩子们玩得热火朝天,后来因为种种原因游戏人数渐渐减少,这是目前角色区面临的普遍问题。可是孩子们明明喜欢这种角色扮演的游戏,为什么到最后却无人问津呢?也许是因为角色游戏内容比较单一,也许是里面的材料太多,收拾起来比较麻烦,也许是里面的东西都是假的,孩子们玩着玩着就觉得没有意思了,也可能是里面扮演的角色不是孩子们喜欢的等等一系列的原因。为了改变这种状态,我和孩子们开启了一段角色区环境和材料的改革之旅。

自由角色区诞生啦!

1. 试一试,布置我们自己的角色区

我说:“孩子们,我们的角色区要装修了,你们想把它变成什么样子呢?想在里面玩什么游戏呢?”

桐桐说:“我想把它变大,在里面玩野餐的游戏。”

成成说:“我想在里面搭座房子,玩娃娃家。”

果果说:“我想在里面开个小医院给别人看病。”

皮皮说:“开个超市吧,可以卖好吃的。”

……

孩子们的想法真是五花八门,每个人都有自己想要玩的游戏。但是需要很多的材料,怎么办呢?

果果说:“我家里有看病用的听诊器,可以带过来。”

陶陶说:“我家里有警察的衣服。”

豆豆说:“我家里有很多娃娃,可以拿来放在娃娃家。”

人多力量大,小朋友们陆续从家里带来一些闲置的东西,例如野餐垫、小推车、收银台、电话等等,并把这些东西放在一起。

朵朵说:“我们给它们分分类吧。”

朵朵的提议得到了大家的支持。

轩轩说:“我们可以把锅、碗、勺子放在一起,这些都是做饭用的。”

多多说:“我们还可以把注射器、听诊器和药瓶放在一起,这些都是看病用的。”

经过讨论,孩子们决定将收集来的材料按角色分类,并在整理箱上贴上相应的标记;有一些不好区分的材料,我们就放在贴有其他标记的材料箱里。就这样靠大家的努力,材料收集好了,我们的新角色区成立了。

在游戏开展前,教师首先要关注幼儿的兴趣点,同时结合幼儿的前期经验,与幼儿协商材料的投放。大班幼儿的生活经验日益增多,可提供更为丰富的游戏材料,除保留小班娃娃家的材料工具之外,还可以增加一些生活用品,同时还可以增加一些专业人员的服饰。通过丰富的材料来激发幼儿与材料互动,关注幼儿游戏兴趣,支持幼儿开展游戏。

2. 我们给它取名字

新角色区成立之后,孩子们非常喜欢来这里游戏。为了方便幼儿取放材料,装材料的箱子都是带有轮子的,可以随时移动,这里就像一个微型社

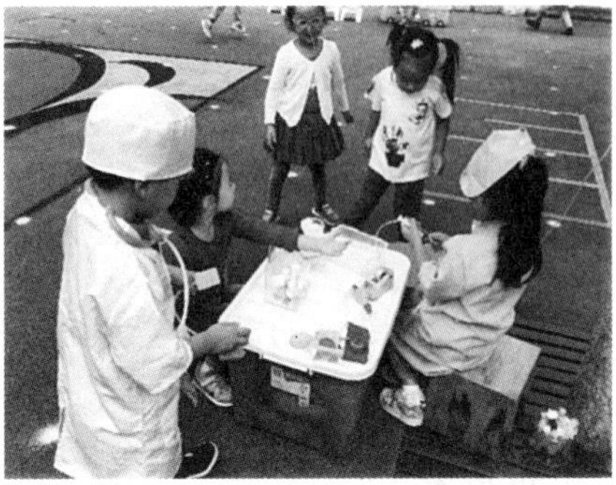
图 1　在自由角色区游戏

区,孩子们可以想玩什么就玩什么。通过这样的方式让孩子建构自己想玩的角色区,而不是玩老师准备好的角色区。孩子们的兴趣特别高,还给这个区取了一个有意思的名字“自由区”。自由角色区就这样诞生了。

从自己设计游戏内容,到大家一起收集材料,再到给角色区取名字,每一个环节孩子们都是一步步参与的,这角色是属于他们自己的活动区,这里有每一个孩子的智慧,所以他们在游戏时积极性特别高,也非常投入。

好玩的游戏开始啦!

1. 搭帐篷

一天,孩子们在玩野餐的游戏时,琪琪说:“我们要是有个帐篷就好了,上次我和爸爸妈妈出去玩就带了一个帐篷,还可以在里面睡觉。”说完她找我要帐篷。我说:“我这没有帐篷,但是箱子里有一些地垫和布,不知道能不能用?”琪琪说:“那我们试试自己搭一个帐篷吧。”孩子们试了半天都没有成功,于是我鼓励孩子们借助周围的物品,例如床、椅子、桌子之类的东西。经过几次尝试他们找到了比较合适的地方——两张床之间的空地,孩子们将布铺好做床,在上面罩了一块大的布当房顶,这个“小小的帐篷”就建好了。孩子们特别喜欢,都纷纷脱鞋想要进去休息。熙涵拿了一个靠垫当枕头,还在身上盖了小被子,躺在“帐篷”里休息。通过搭建帐篷这件事,孩子们体会到了与同伴一起解决问题的重

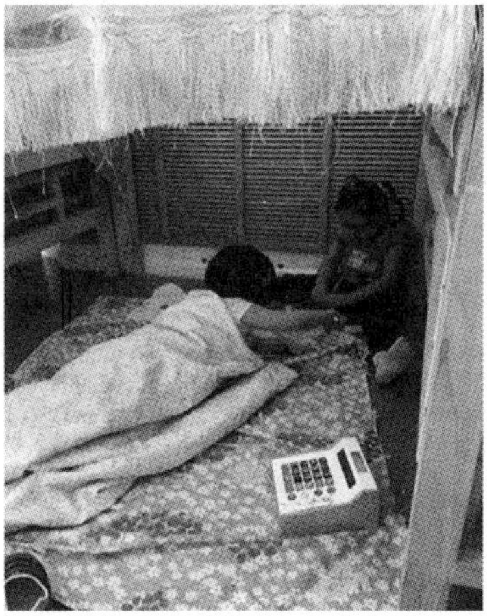
图 2　帐篷搭好啦,休息一下

要性，要敢于挑战，而不是遇到困难就放弃。

材料能够引发幼儿的游戏行为，幼儿在与材料的互动中，通过对物体的操作及情境的再现反映社会活动，认识周围世界，建构新的经验。因此，游戏材料只有与幼儿生活息息相关，才能引发他们对生活经验的回顾与再现。

2. 我去你家串门

等等和溜溜两个人一直在搭帐篷，搭好后溜溜抱着宝宝住在里面了，等等说："溜溜我再搭一个帐篷住在你边上，这样我们就成为邻居了。"溜溜听到后拍着手高兴地跳了起来说："好啊！好啊！"于是等等在溜溜家的边上又架起了一个小的帐篷，开心地住了进去。过了一段时间，轩轩来了，说："我去找找材料，我也搭一个房子跟你们一起玩。"这时等等抱着宝宝说："轩轩，我家宝宝来找你们家的宝宝玩了，他们是好朋友。"轩轩看到之后赶紧上前迎接等等的到来，他们一起坐在垫子上玩了起来。这时溜溜说："我做好了饭呢，你们来一起吃吧！"接到了邀请之后，等等、轩轩赶紧收拾好东西，来溜溜家做客。孩子们就这样你来我家玩，我去你家玩，玩起了串门游戏，乐在其中。

图3 欢迎大家来做客

3. 我们建个板凳桥

今天游戏时，乐乐噘着嘴巴找到我说："芳芳老师，我不跟萱萱玩了。"我问："为什么呢？你们之间发生了什么事情？"乐乐把事情的经过简单跟我说了一下，原来是她们在垫子上游戏的时候需要脱鞋，但是去别的地方玩的时候需要再穿鞋，萱萱没穿鞋

图4 搭板凳桥

就跑来跑去,乐乐提醒她,她也不听,于是乐乐就来找我倾诉。我对乐乐说:“那这件事情有没有别的解决办法呢?”乐乐摇摇头,我对乐乐说:“咱们班里有那么多的材料,我觉得肯定有办法可以解决的。”乐乐听后在屋子里找啊找啊,最终她搬了一摞椅子过来说:“我可以给萱萱搭一条路,这样萱萱就可以踩在椅子上走,不用穿鞋啦!”我惊讶地说:“你可以试一试哦!”萱萱也被乐乐的想法吸引了,瞬间忘记了刚刚的不愉快,两个人又一起玩了。乐乐和萱萱一边搭一边调整,她们搭了很长的桥,好多小朋友被吸引了过来,并加入了她们搭板凳桥的游戏中。孩子们在这座“桥”上有的走,有的爬,玩得开心极了。

我们的游戏遇到了麻烦

1. 场地冲突怎么办?

随着孩子们自发的游戏情节越来越丰富,问题也随之而来,比如:孩子们经常想在同一块场地游戏,娃娃家想建在这里,小超市也想开在这里,于是就发生了冲突。针对这个问题,我们组织幼儿进行了讨论,孩子们说游戏前要商量好,这样就不会发生矛盾了。根据幼儿提出的意见,我开始引导他们在进去之前思考自己的游戏计划,做好游戏计划,同时在游戏前小组之间先协商分配一下游戏场地并做好标记。游戏计划的制订增进了孩子们的交流,游戏的目的性更强了,选择材料、搭建区角的过程也更加高效。

图 5　我的游戏计划

2. 材料不够怎么办?

陶陶是个汽车迷,他认识各种各样的汽车,有一天陶陶的建议引发了全班小朋友的关注和讨论。陶陶说:“老师,小朋友们去野餐、去超市、去医院都是走路去的，我们班要是有辆公交车，就可以送大家去，多方便呀！”小朋友们听了都跟着附和说：“对啊，对啊！有了车我的东西就有地方放了。”我觉得孩子们的想法特别好，说：“你们提的想法特别好，老师都没有想到，真厉害！但是你们想用什么当公交车呢？”孩子们想了半天也没想出合适的材料，于是这件事情就暂时搁置了。但是这件事陶陶一直记在心里，有一天中午散步的时候，陶陶发现堆放在操场边上的几个大纸箱，非常激动地说：“老师，这个大箱子可以做公交车，我们可以拿回去吗？”说的时候小眼睛都在冒光，于是我和孩子们一起将箱子抬回班里，在游戏时，孩子们就拿着这个大大的纸箱当公交车，开来开去，玩得不亦乐乎。

图 6　废旧材料做公交车

这种低结构的游戏材料能够为幼儿的想象提供更广阔的空间，孩子们用最简单的材料设计出最具想象力的游戏，自主性得到充分的发挥，学习以最自然的方式发生，经验以最自然的方式建构。皮亚杰曾说过“儿童的智慧来源于操作”，当高结构的材料固定了形象、固定了玩法、没有了变化的空间，渐渐地就失去了对幼儿的吸引力，幼儿就不会再产生兴趣与之互动了。因此，在材料的提供方面，应选择可变化、可操作的低结构材料，为幼儿在操作中获得直接经验提供可能。

各种各样的职业大探秘

1. 好玩的警察游戏

有一天，果果和萱萱来到角色区游戏，他们做饭炒菜照顾宝宝。大概游戏了 10 分钟，果果对萱萱说：“你在家照顾宝宝，我要去上班了。”说完就穿戴上了警察的装备，开始在屋里跑来跑去，嘴巴里还不停地发出打枪声。朵朵就说："果果，你是警察怎么能乱跑呢？警察是需要巡逻保护大家的。"这个小事件引发了孩子们关于警察都可以做什么的讨论与调查。

彤彤说："警察可以抓坏人，也可以帮助别人，警察都是开警车去抓坏人的。"

孩子们你一言我一语说得十分热烈。

我说："对啊！警察能够做这么多事情，你们在角色区玩的时候是怎么玩的呢？"

陶陶说："角色区没有手枪，也没有警车，就只有警察的衣服，那怎么玩啊？"

朵朵说："咱们可以买，或者做，魔尺就能折手枪！"

经过商量，美工区的小朋友负责用纸箱做"警车"，益智区的小朋友负责用玩具拼插"手枪"。每个区的小朋友都一起帮助角色区丰富游戏材料。随着孩子们对警察这个职业的深入了解，孩子们从中又发现了很多的细节，但是他们也不确定自己发现的和自己知道的是否正确。既然孩子们有疑问，咱们就一起去了解。于是我就上网查找这方面的视频，播放给孩子们看，孩子们看得特别认真，对警察这个职业又有了更深一层的认识。

图7　美工区的小朋友做"警车"

图8　用玩具拼插的"手枪"

户外活动的时候，孩子们在骑行区骑小车，有的小朋友能够按路线骑，有的小朋友总是逆行违反规则，孩子们说："这样骑，交警就会给你扣分的。"

当小朋友的汽车撞在一起的时候，孩子们又会说："发生车祸交警会来处理的。"为了解决这个问题，每次户外活动的时候孩子们都会主动要求有一名交警在骑行区指挥交通，帮助解决事故。就这样，"警察"这一角色游戏从班级中延伸到了户外游戏中，孩子们在自己创设的特定情境中进一步体验不同"警察"的工作，对角色游戏更感兴趣了。

图 9　我是户外小交警

2. 和医生阿姨一起玩

近几天孩子们非常喜欢玩小医院的游戏，在游戏中遇到宝宝生病的情况，孩子们不是给宝宝打针就是给宝宝输液，如果医院没有"病人"，"医生"就会强制给别人看病打针，这引起了很多小朋友的不满。孩子们非常喜欢当医生，但是他们对医生的认知就是停留在自己生病，医生给检查的阶段，于是在游戏中就会出现强行给"病人"看病打针的情节。班里西西的妈妈是一名医生，于是我就邀请西西妈妈来园和孩子们一起游戏。西西妈妈不是站在前面给孩子们讲要怎么给病人看病，而是以医生的身份进入游戏中。医生阿姨刚坐好，果果就急急忙忙地过来说："我生病了，我生病了！"琪琪医生说："你生什么病了？我给你开点药吧！"这时医生阿姨说："我们医生给病人看病可不能这样啊！要先给病人检查检查，才能决定是开药，还是打针。"于是医生阿姨演示了一下，首先询问病人的名字和哪里不舒服，果果说："我感冒了！"然后医生阿姨检查了"病人"的嗓子，并给"病人"测量体温，还提醒病人一定要测量五分

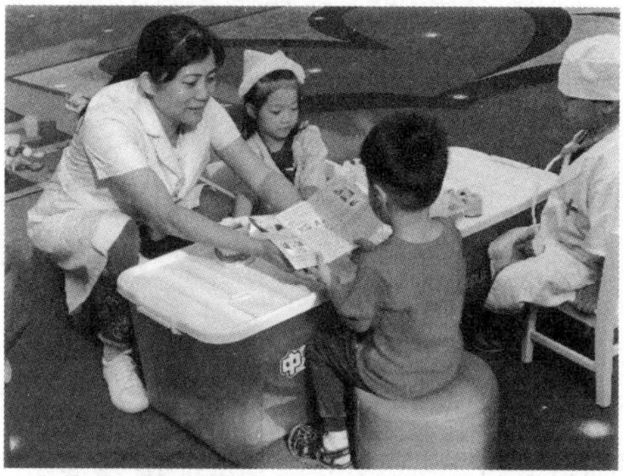

图 10　医生阿姨

钟才可以。两位小助手在一旁看得特别认真。医生阿姨拿出体温计一看说：“你的体温是38.6℃，有些发烧，我给你开点药回家吃就没事了。”果果说：“好的。”然后拿着药走了。“病人”走了，医生阿姨就给两个小助手“培训”，告诉他们作为医生的职责，例如：医生不能胡乱给病人吃药、打针和输液，这样不但治不好病反而会加重病情，甚至危及生命。

在玩的过程中，孩子们发现医生阿姨不是上来就给“病人”打针，而是先给“病人”检查，判断原因之后再采取相应的处理办法，这些简单的知识孩子们在游戏当中很快就学会了。

教师的感悟

其实在班里开展这样开放式的角色区，也是我的首次尝试，这不仅挑战孩子，也在挑战教师。在这个活动中我感受到了和孩子们一起成长的乐趣。

1. 开放的环境促成多样化经验的“卷入”

起初角色游戏的内容相对固定，没有办法满足幼儿的兴趣需要，以至于后来孩子们没有兴趣了。现在幼儿能在开放的空间里实现自己的想法，操作自己感兴趣的材料，还可以体验多种角色的人物。以往的角色区相对比较固定，娃娃家就是娃娃家，医院就是医院，但是在自由角色区里，幼儿可以选自己想玩的游戏内容，今天想要玩医院的游戏，就可以开一个小医院，明天想玩别的也行，游戏内容可以根据孩子们的兴趣随时调整。游戏环境、规则开放了以后，幼儿会涌现出很多想法，他们的生活经验被调动起来开展游戏、解决问题，社会认知的经验、同伴交往的经验也融入进来，在游戏中孩子们用自己的已有经验解决问题，并促使游戏进行下去，游戏中一些问题的出现，也能激发幼儿在原有经验的基础上产生新经验。

2. 教师“退后”，让幼儿做游戏的主人

在游戏中教师的位置可以“退后”，让环境和材料发挥作用，支持幼儿的游戏，因为开放的环境可以帮助幼儿自选游戏材料、自组游戏团队、自定游戏规则、自控游戏进程，环境就可以潜移默化地帮助幼儿约束自我。以前孩子们缺少材料时总是找教师帮忙解决,但是自从创建了这个自由、自主的区域之后,孩子们学会了自己寻找所需要的材料。开放的活动空间给予幼儿的,不仅仅是游戏,它还给了幼儿自主探索的学习机会。当学习自主开放时,会激发幼儿极大的学习热情,他们犹如缺水的海绵,会按照自己的兴趣和需要,不断吸取所需内容,学习效率高,学习容量大,是强大而自信的主动学习者。我们要相信幼儿,将游戏的权利交还给幼儿,自己做到管住手、管住嘴、竖起耳、睁大眼,这样我们才能发现幼儿的兴趣、需要和他们的真游戏,以这些为基础才能设计出幼儿喜欢的游戏活动。

3. 动态游戏情境中实现学习品质的充分激发

角色区的游戏内容从以前的静态走向动态,教师随时根据幼儿游戏情节的需要提供跟进式的支持。在这样动态的游戏情境中,幼儿积极的学习品质得到了激发和内化,例如:①同伴间互动性更强。因为同时可以开展好几个内容,就像一个社区一样,有超市、医院、娃娃家、餐厅等,宝宝病了就送去“医院”,家里没有食材,就要去“超市”购物,这样孩子们之间就有了更多的互动,从而促进了幼儿的交往。②增强想象力与创造力。在这个区里面,大多投放的是低结构的材料,这样孩子们会在以物代物的同时发展想象力与创造力。在自由自主的游戏环境中幼儿的专注力、好奇心、解决问题的能力、坚持性等学习品质得到了培养,而良好的学习品质也可以支持幼儿在其他领域的学习。

在游戏的过程中,教师的角色是多元化的,教师是环境的营造者,材料的提供者,共同的游戏者,观察记录者,游戏空间时间的计划者、沟通者、评价者。教师的角色在游戏中应该是多样的,而不是单一的传授者,在不同背景的游戏中,教师要基于幼儿游戏的需要随时转化身份,支持幼儿游戏的深入开展。

专家点评

在现实的幼儿园保教活动中，教师可能会面临类似故事开场那样真实而尴尬的境遇，教师加班加点地精心设计活动，准备空间、材料、场景等，期待为孩子们的活动创设良好的环境和条件，结果呢，事与愿违，孩子们并不“买账”。他们也许并不像教师期待的那样兴趣盎然，也许只是在短时间内满足于对材料的简单操作，并没有产生持续深入的，诸如探究、交往、表达等丰富而有意义的活动，这不仅浪费了教师的精力，影响了教师的专业自信，更重要的是降低了孩子们活动的意义，在一定程度上影响了幼儿园的保教质量。

故事中的老师在遭遇这一尴尬情景时，以“角色区要装修了”的任务情境，引发孩子们讨论、规划、收集，“自由区”诞生，游戏不断发展，困难得以解决，资源越来越丰富，关系越来越和谐，尴尬境遇迎刃而解，孩子经验不断发展。不得不说，教师的行为是智慧的，因为这既可以让自己了解孩子们的经验、兴趣和需要，更重要的是，在这样的任务情境中，孩子们也许可以成为游戏的主人。故事中，孩子们把“角色区”改为“自由角色区”，这是孩子们对自身主体地位的一种呼唤，是对渴望自由的直白表达。在“自由区”里，孩子们自选游戏材料、自组游戏团队、自定游戏规则、自控游戏进程，孩子们主导着游戏的过程并沉浸其中，因为这是他们自己创造的，他们既是“活动”的主人，也是“经验”的主人。

尽管孩子们在很大程度上掌控着“自由区”的游戏，但并不意味着教师不能给予任何支持。我们发现，其实，他们喜欢教师的参与，通过恰当的介入，教师可以使孩子们的游戏经验更丰富。当然，何时介入、如何介入等是需要教师不断学习的。在品读故事时，我们很希望看到对孩子们某些活动的深入描述，看到活动之间的经验关系，以更多地了解孩子的活动及经验的发生和发展。

（南京市太平巷幼儿园　汪　丽）

多彩的服饰

江苏省扬中市文化新村幼儿园　朱丽华　张慧琴　宦　欣

持续时间:2018 年 9 月至 2018 年 12 月

年龄段:大班

个人模特秀

萱萱这天穿了一条艾莎公主的裙子。“哇！你的裙子真好看。”“是呀，是呀,这裙子可真美!”“我好喜欢啊!”“你胸前还有宝石,真漂亮!”孩子们你一言我一语地讨论着。“这是我妈妈在网上买的!”萱萱得意地说。“我家也有这裙子!”小满不服气地说。“我家也有!”“我家也有!”女孩子们的讨论,引来了男孩子们的围观。蛋蛋说:“我家还有蜘蛛侠的衣服呢,穿起来就像大侠,可厉害了!”“我家还有光头强的衣服和帽子呢!”……

图 1　“艾莎裙”引来了孩子们的围观和讨论

晚上,我陆陆续续收到了家长们发来的孩子个人秀照片。他们说,孩子特别想把自己最喜欢的衣服拍给我看一看。第二天,也有孩子穿着自己喜欢的衣服来园了,微信群里,收到了更多孩子的个人秀照片。

既然孩子们有展示的兴趣,我们便举办了一个个人秀照片展,并与孩子们一起聊了聊自己喜欢的衣服。当孩子们拿着自己的个人秀照片介绍的时

图 2　孩子们的个人秀照片

候，每个人都能畅所欲言，大胆讲述。谈话结束后，孩子们又商量着要把照片布置在墙上。

孩子们对服装如此感兴趣，于是老师们决定以服装为切入点，带孩子们走进服饰的世界，一起去了解服饰的种类、服饰的起源、服饰的制作工序以及服饰的作用。

孩子们的问题

我们发放了调查表，调查表包括三个问题：你喜欢的衣服是什么样的？你知道哪些职业服装？关于服饰，你还有哪些想知道的？在家长的帮助下，调查表完成了。以下是我们班部分孩子的问题。

可可想知道的问题是：服饰有哪些种类？

千寻想知道的问题是：服饰是由哪些材料制作的？服饰是如何染色的？服饰是如何设计的？服饰的袖子为什么有长有短？

王浩然想知道的问题是：衣服上为什么会有好多颜色？

点点想知道的问题是：衣服是怎么做出来的？

调查表收回来了，我们对孩子的已有经验有了充分的了解，并对孩子的疑问和以后需要探究的方向有了一个明确的目标，对课程的预设也有了一些规划。

图 3　调查表

参观宜禾服饰馆

针对调查表上的问题，我们开展了一些主题活动，孩子们在活动后，对各种各样的职业服装有了初步的了解。

离园活动时，朵朵妈妈跟我们交流孩子在园的表现，给我们提了一个建议："张老师，我们扬中有一个宜禾服饰馆，里面的服装种类很多，你们可以组织孩子去那里参观一下啊！"

在家长的积极配合下，我们在制订了外出应急预案和参观计划，向幼儿介绍了安全规则后组织了一次亲子活动"参观宜禾服饰馆"。

那天，家长和孩子们早早地来到了宜禾服饰馆门口，在听完参观规则之后，就有序地跟着导游进行参观。当孩子们来到古代服装馆时，被好看的服装造型和色彩吸引了，发出一阵阵的惊叹声。

"老师，这'皇冠'真好看，上面有好多漂亮的珠珠！"

"这衣服的袖子好大呀！"

"你看，上面还绣了很多的花纹。"

"朵朵你看，鞋子上还有五彩的鸟呢！"

"这件衣服我在电视上见过，是打仗的人穿的盔甲……"

孩子们你一言我一语地说着。

"老师，这么多漂亮的衣服是用什么做出来的啊？"千寻问我。

"用布做出来的啊！做出来之后再进行缝制、绣花，就有了这些好看的衣服啦。"我说。

"那布是怎么来的？""布天生就有颜色吗？""怎么缝啊？"孩子们的好奇心一下子被调动起来，都跑过来问我。

"你们可以回家跟爸爸妈妈一起查查资料，或者等回到学校之后，我们再讨论吧！"我说。

"好哦！老师，我们可以来做布吗？"周周问。

"好的，回到学校后，我们去研究一下怎么做布。"孩子们一听，自己能动手做布，都兴奋得拍起了手。紧接着我们又参观了现代职业馆和未来服装馆。最后，我们还在场馆门前开心地合影留念。

图 4　来到场馆门口

图 5　古代服装馆

图 6　现代职业馆

图 7　未来服装馆

图 8　合影留念

思考：课程的开展，除了在园内进行，也要合理利用社区资源等本土资源，带孩子们走出园门，感知社会的文化，开阔他们的眼界，让他们真正在实践中学习和成长。此次外出参观，孩子们特别遵守规则，知道团结互爱，不仅拓宽了视野，还增强了亲子之间的情感，受到了家长们的一致认可和赞扬。

我要做花布

教师和孩子们一起了解了布的制作过程。在了解之后，孩子们发现做出来的布料不是彩色的，那我们身上的衣服为什么有各种各样的颜色呢？我们和孩子们一起观看了染布的相关视频。

为了满足孩子的兴趣，我们在区域里投放了染布和扎染布料的工具和材料，让幼儿玩起了染布。染布进行一段时间后，我们又在区域里投放了牛皮筋和彩色铁丝，让孩子们尝试扎染。

图 9 观看染布和制作布的视频，了解制作工序

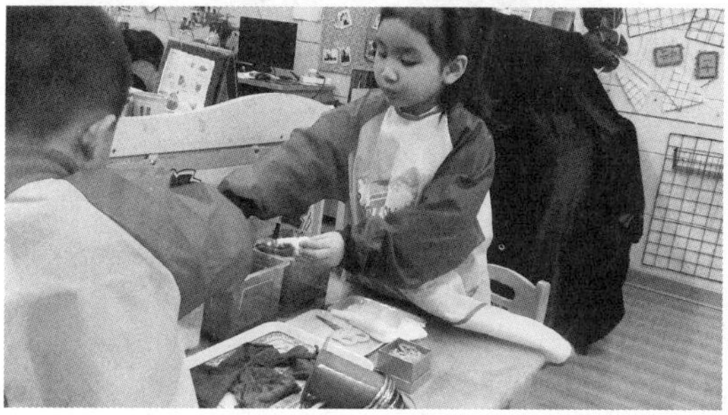

图 10 一起染布

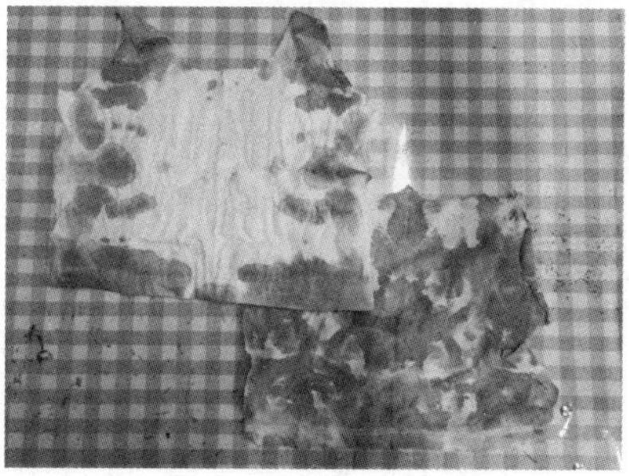

图 11 扎染作品

给芭比娃娃做衣服

- 第一次：做芭比娃娃的衣服

“珑珑，我们今天给芭比来做一条鱼尾裙吧！”萱萱说。

珑珑：“不要吧，我们给她做一条纱裙吧！”

“好吧！”萱萱应道。

“那我来给她设计衣服，你来给她设计饰品吧！”珑珑和萱萱各自忙着自己的事情。过了十几分钟，两人都没有完成自己的任务。

“我们一起来做衣服吧！你帮我拿着布，我来剪。”萱萱对珑珑说。于是两人一起裁剪，一起合作，芭比娃娃的衣服终于做好了，她们非常开心。

萱萱：“下面我们来给芭比做一些装饰吧！我来穿项链。你做什么呢？”

图 12　区域环境的创设

珑珑说:“那我就给她做手链吧!”她们在材料盒里选择了自己喜欢的珠珠款式给芭比做起了项链和手链。可是萱萱剪的线太短了,容易散。珑珑虽然剪的线长,可她不知道将线的一端固定,也不知道打结。两人尝试了无数次还是以失败告终,第一次游戏结束。

- 第二次:给芭比娃娃做项链和手链

上次的活动时间长达 40 分钟,萱萱和珑珑两人穿项链没有成功。这次两人又约好一起进入区域,继续完成。

和上次一样,两人专心忙着自己的事情。珑珑剪了一根长线,穿了一颗珠子,又剪了一段双面胶固定在线的一端,项链拎起来也不会散落了。

“我的珠珠怎么掉了呀?”萱萱问。

“你的线太短了吧!”珑珑说。

萱萱听了珑珑的建议,剪了一根长线继续穿,可还是会散落。

“怎么又散了?”萱萱说。

“你在下面粘点双面胶吧!”

这次,萱萱的珠珠也不再散落了。可在固定线两端的时候始终没有成功。尝试了几次之后,珑珑主动对萱萱说:“我来帮你吧!”“好啊,你帮我拿着娃娃,再帮我把她的头发撩起来。”在两人的合作下,项链终于固定好了。萱萱非常开心地说:“我来做另一个吧!”说完,就自顾自地忙着穿珠珠了。珑珑只好一个人不断地尝试着给芭比娃娃戴手链,眼神不断地转向萱萱,想萱萱主动来帮助自己。可萱萱太认真了,压根没有注意到珑珑的举动。尝试了一会,珑珑终于忍不住了,向萱萱发出了求助。

“帮我!”珑珑说。

“我在做项链呢!”萱萱看了珑珑一眼,继续做着。

珑珑很无奈,只好自己做。

“萱萱,你帮一下珑珑吧!”老师在一旁小声地提醒。

在老师的提醒下,萱萱放下手中的项链,帮珑珑一起穿好了手链,给芭比戴了起来。

图 13　两人协商、分工

• 第三次:给芭比娃娃做底座

又到区域活动的时间了,宣宣和珑珑相约来到了区域中,摆弄着娃娃。

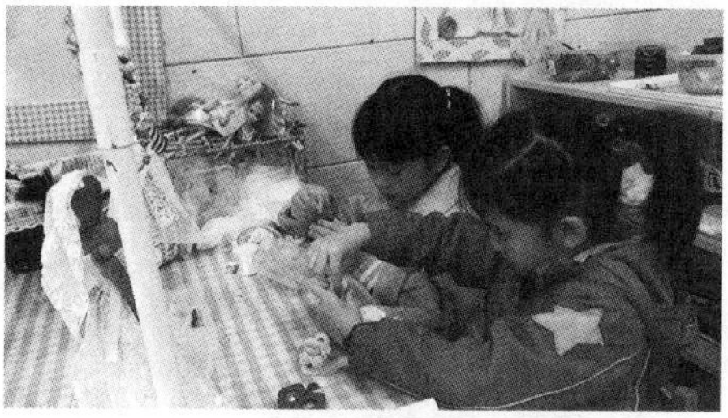

图 14　珑珑独自给娃娃戴手链

“我们的娃娃做好了,能像它一样站起来吗?”萱萱指了指桌面上的模特娃娃。

“试一试吧!”珑珑。

“那我们去材料库里去找一找吧。”萱萱边说边在材料库里寻找合适的底座材料。

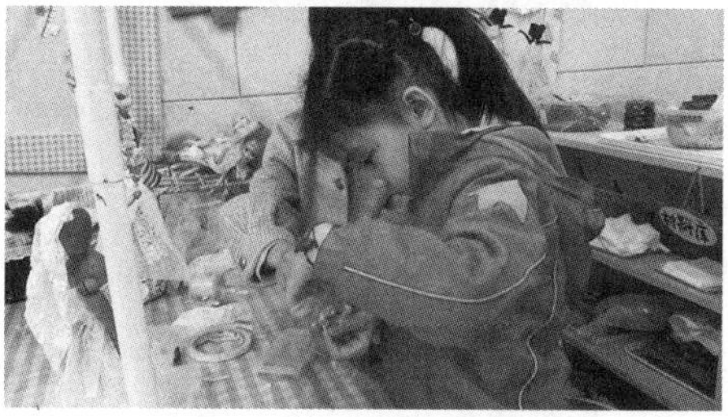

图 15　两人合作,项链、手链佩戴完成

萱萱找了一个瓶盖,珑珑找了一个塑料水杯。珑珑把娃娃装在杯子里试了试,娃娃没站住,倒了。萱萱在瓶盖里粘完双面胶,拿着娃娃试了试,也倒了。

“试试你的吧。”“我刚才试过了,也会倒。”“太轻了吧!用橡皮泥放里面就重了。”萱萱和珑珑探讨着。

她们拿来了三盒橡皮泥,并进行了分工,珑珑负责取出橡皮泥,萱萱负责往杯子里面装。装好后,她们拿起娃娃试了试,娃娃还是没站住。“太轻了,再来一点吧。”她们继续加橡皮泥,又拿起娃娃试了试,还是会倒。就这样,她们不断地加橡皮泥,不断地尝试。

“杯子是不是太高了?”萱萱拿起剪刀,尝试了一次没剪成功,放弃了,继续往杯子里装橡皮泥。过了一会儿,萱萱不死心,继续拿起剪刀试了试,这次剪成功了。

“我们装得有点多了,再试试吧!”两个人拿起娃娃使劲往橡皮泥里放,并调整了娃娃的姿势,终于成功了。两人开心极了,萱萱笑了,珑珑还哼起了歌。娃娃这次终于做好了,两人把娃娃放在桌子的一边,把桌面整理得干干净净。

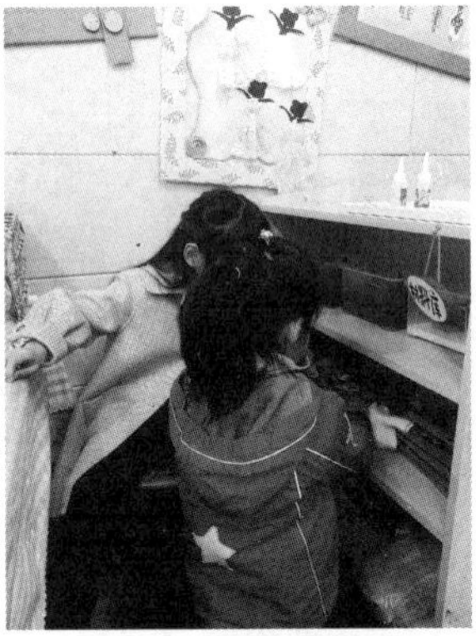

图 16　寻找材料

图 17　不断尝试,填充橡皮泥

图 18　成功

思考:

(1) 区域环境的创设拓展了幼儿的思维。

教师给幼儿提供了各种颜色的布料和纱料,准备了穿好的串珠和做好的衣服样品,还摆设了各种模特娃娃给幼儿欣赏,进行了区域环境的创设。在这个案例中,萱萱想让她的芭比娃娃和模特娃娃一样站起来进行展示,并和珑珑一起不断进行尝试,最终收获了成功的喜悦。

(2) 教师的退位和合理的指导。

整个活动,教师始终保持着观察者的身份,以幼儿为主,尊重幼儿,不干预幼儿自主游戏的选择和思路,充分给幼儿自由发挥的空间,耐心等待,给她们足够的时间,培养她们解决问题、处理问题的能力。整个案例,分为三次进行,既是分开的又是连续的,时间长达一个小时之久,在幼儿没有向教师发出求助信号时,教师始终以观察者、支持者的身份不干涉幼儿的游戏,充分保证幼儿游戏的自由、自主。在珑珑向萱萱求助将绳子两头固定的时候，萱萱一直只顾做自己的事情，没有合作。这时候教师才给予了干预。在游戏之后，教师做了语言提醒，小朋友在一起，需要互相帮助，互相合作。专心做事是好的，但当朋友需要帮助的时候，要给予适时的帮助。

(3) 同龄孩子之间的互相协商和合作。

在案例中，两人一起进入区域，商量了分工，一个做服装，一个做手链。分工之后就开始忙自己的事情了。起初两个人之间没有合作，忙了半天，衣服也没裁剪好，手链也没穿成。于是两人开始了合作，共同做服装、做饰品。正因为有了合作，衣服很快做好了。在尝试给娃娃做底座的时候，两人互相商量，不断尝试，最终获得了成功。

(4) 同龄孩子之间的互相学习，相互促进。

案例中，珑珑在不断尝试穿项链后，无意间发现绳子的一端用双面胶固定，珠子不容易散落。当萱萱遇到项链总散落的时候，向珑珑寻求了帮助，请教了方法。正因为她们之间有了相互学习，才有了相互促进。

设计报纸服装

孩子们在区域里给假娃娃设计服装不过瘾，又想出了给真人设计服装的主意，那用什么材料来做服装呢？又需要用到哪些工具呢？谁来做设计师，谁来做模特呢？这些问题都一一摆在面前。

于是孩子们一起讨论。有的说可以用布做，可班上没有这么多布料；有的说用白纸做，可白纸是用来画画的，用起来有点浪费。前面的提议都被孩子自己否定了，这时候，洋洋说："可以用旧报纸做啊。"这个提议得到了全班孩子的认同。说做就做，我们从门卫爷爷那里找来了很多旧报纸。材料有了，那需要用到哪些工具呢？怎么缝制呢？孩子们说不会用针和线。萱萱说："可不可以用双面胶和胶带纸来连接呢？"工具也有了，就轮到孩子们自由分配角色了，最后他们讨论出三人自由搭配，一位幼儿当小模特，其他两位幼儿来当设计师。

终于可以动手了。有的小组在动手之前,商量着做什么,怎么做;有的小组在给小模特量体裁衣;有的小组则大刀阔斧地开始用剪刀裁剪。大约 15 分钟之后,孩子们裁剪得差不多了。可有的衣服做得太小,有的做的是平面的,怎么给模特穿呢?设计师们遇到了难题。我把操作中遇到的问题抛给孩子们,请他们提出解决方案。孩子们展开了讨论,有的说衣服太小,可以用双面胶多粘几张报纸让衣服变大;有的说可以将前片和后片用双面胶或者胶带纸连接就可以穿了;还有的说把报纸粘在模特身上再进行裁剪。大家集思广益,设计师们又开始忙碌起来,终于裙子做好了,头带做好了,披风做好了,当我们请服装设计师和小模特到台前来展示的时候,每个人心里那得意劲儿都溢于言表。

图 19　自由组队,协商分工

图 20　给模特量一量

图 21　设计师和小模特

思考:整个活动中,幼儿表现出了坚持和配合,教师的大胆放手和适时介入给了幼儿自主的空间,他们在活动中互相合作、互相关爱、互相帮助,最后设计出了自己满意的作品。

装饰 T 恤

设计报纸服装后,孩子们对设计衣服还是意犹未尽,又想着装饰 T 恤。于是,我们在班级里开辟了一个装饰 T 恤的区域,放上画架,提供了各色颜料、小喷壶、排笔、水彩笔、颜料印泥、滚轮、海绵棒等工具,让孩子们在 T 恤上大胆创作,自由设计。由于没有规定设计内容,孩子们在活动中大显身手,无所束缚,玩得不亦乐乎。

图 22　穿好外罩衣开始涂鸦

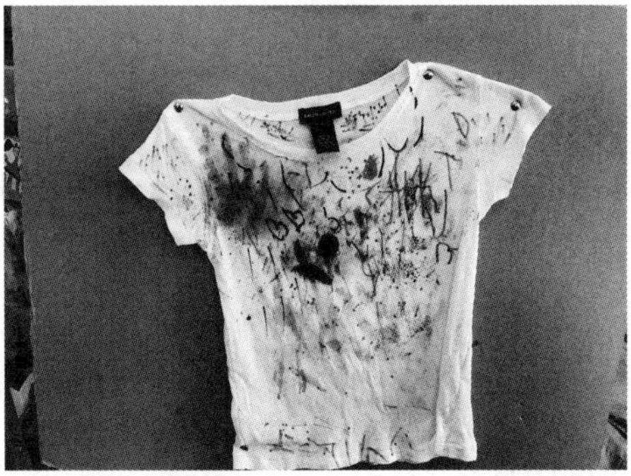

图 23　瞧,我们的作品

我的"服饰"改造日记

"T 恤装饰"这个区域投放后,一下子成了孩子们争相玩乐的场所,每次区域开放,大部分孩子都倾向于选择它,因为他们都想做设计师,都想把自己设计的作品在班级展览。可是,每次区域开放,只能有四个人进这个区,为了满足全班孩子设计和展示的愿望,我们和孩子一起商量,请他们找一找自己家的旧衣服或者旧鞋帽,来进行改造。孩子们听了这个提议,一个个跃跃欲试，回家后和爸爸妈妈一起动手改造旧物。下面我们就来说说妙可一家改造衣服的故事。

妙可说："妈妈，我想做一条裙子，带到幼儿园去展览！"

妈妈说："做裙子，怎么做啊？"

妙可说："老师说了，用家里的旧衣服去改啊！妈妈，你有什么不要的吗？"

妈妈说："有啊，我这条围巾不要了，这根腰带也不要了。"

妙可说："妈妈，我还有一件嫌小的背心呢！"

妙可和妈妈一起在家收集了很多不穿和嫌小的物件，开始动手改造了。

妙可说："妈妈，我想自己来剪！"

妈妈说："可以啊！"

爸爸说："不行，不行！你还小，不能用剪刀，尖尖的容易戳到手。"

妙可说："老师说了，要自己动手，大胆尝试，我会注意安全的！"

妙可拿起剪刀开始裁剪围巾，剪了几下之后，发现剪不动，便向妈妈求助："妈妈，你来剪给我看看，是怎么剪的，我帮你拉着围巾吧！""好的，你看着，张开大嘴巴，剪刀竖竖直，一口一口吃下去。""让我再来试试吧！"说完，妙可又用剪刀剪起了围巾。围巾裁剪好了，妈妈用针线将围巾缝成了一条裙子。"妈妈，我们再把裙子装饰一下吧！用这个彩带和纱来装饰。我来装饰，你看着啊！"说完，妙可就想拿胶枪去粘彩带。"不行，不行！妙可，这枪很烫，你不能玩，还是让爸爸来弄吧！"爸爸一把拿过胶枪开始粘贴彩带。"你还是让她自己试试吧！"妈妈在一旁提醒着。爸爸粘贴了几根，把胶枪交给了女儿，在一旁耐心指导。漂亮的裙子终于做好了！

妙可说："妈妈，我们让裙子蓬起来吧！"

妈妈说："那我们在裙子的底部用铁丝围一圈，缝一下，看看能不能让裙子蓬起来。"

爸爸找来了铁丝，并剪好长短，妙可帮忙拿着裙子的边角，开始动手了。"瞧，这条裙子既好看又蓬起来啦！"妙可开心地穿起了自制裙，在镜子面前照了又照。

第二天，当孩子们把自己改造的成品带到班上分享的时候，妙可也开心地与大家分享了她的故事。

思考：家庭是幼儿园重要的合作伙伴，教师应本着尊重、平等、合作的原则，争取家长的理解、支持和主动参与，并积极支持、帮助家长提高教育能力，从而实现家园互动，合作共育。

图 24　全家齐动手，一起改造旧服饰

送衣服献爱心

在改造服装活动后，孩子们在一起聊天，说家里有很多旧衣服，都嫌小了，没有用了。于是，我们又跟孩子们讨论，旧衣服应该怎么处理。有的说，可以拿到班上来做衣服；有的说，把它扔了；还有的说，可以送人。

图 25　捐衣服

怎样让旧衣服发挥更大的作用？教师播放贫困儿童的视频片段，启发幼儿关爱他人。家长和幼儿一起整理家里不穿的衣服、鞋帽,进行捐赠。

T 台走秀

设计了这么多好看的服装,在哪里展示呢?于是大家又提议搭建一个T型舞台。舞台如何搭?模特如何表演?我们在区域里投放了一些材料,观察了孩子的表现。

区域游戏开始后,杨颜羽、妞妞、妙可、彤彤来到了更衣室,瞬间被漂亮的服装和配饰吸引了。彤彤说:“我们要准备时装表演啦!”杨颜羽说:“在哪里表演啊?”彤彤指了指旁边的空地说:“就在这里呀!我们一起来布置场地吧。”孩子们开始利用地垫忙碌起来,你拼一块我拼一块,拼成了一个大大的正方形。杨颜羽说:“这拼的是舞台,不是T台啦!”张馨尹说:“留三排就行啦,其余的要拆掉。”于是在张馨尹的建议下,孩子们又重新修改了场地的布置,并根据T台的长度,调整观众席的座位。

图 26　布置场地

思考:场地是幼儿开展游戏的重要资源。场地特征所引发的经验、激发的想象能够唤起幼儿主动与特定环境互动的激情。幼儿参与的不仅仅是原本意义上的游戏,更重要的是他们能按照自己对环境的理解,选择自己喜欢的材料,尽情享受自主游戏带来的快乐。案例中,教师提供了一块空地,幼儿根据自身经验,利用现有材料——地垫,进行自主游戏环境的创设。由一开始的合作铺设正方形的场地到发现这不是他们所需要的T台,再到商量探讨T台如何铺设。在张馨尹“留三排就行啦,其余的要拆掉”的建议下,幼儿重新创设了游戏环境,他们共同创设,互相学习。

表演的T台布置好了,孩子们还试着走了一下,彤彤喊道:“赶紧来化妆吧!”孩子们走进化妆室,看到彤彤正在涂指甲油,都露出羡慕的神情。但很快又被陈列服装、配饰的柜子吸引了,开始挑选服装和配饰,他们互相帮助换服装,并把换下来的衣服挂在衣架上。

思考:幼儿经验是教师投放玩具、材料的重要依据。解读幼儿经验是对幼儿已有经验、当前兴趣的一种估计。教师可从中分析幼儿的认知经验、情感需求、能力技能等,从而提供适宜的玩具和生活化材料,挖掘其教育价值。区域中的材料来源于主题活动“多彩的服饰”的开展,孩子们陆陆续续从家中带来了各式各样的服装、配饰,游戏材料来源于幼儿生活,一定是幼儿最喜欢和熟悉的,游戏时孩子们玩起来也得心应手。眼镜、斗篷、巫师帽等是小男孩喜爱的,发夹、公主裙、皇冠等是小女孩喜爱的。材料的投放充分调动了幼儿参与游戏的兴趣,激发了幼儿游戏的欲望。

图27　个别指导

图28　完美表演

换好服装的孩子已经开始自由走T台了,他们召唤小伙伴们:“表演开始啦!”化妆间的小朋友们听到了音乐声赶紧跑了出去,一个接一个地走台、摆造型。走T台的过程中,大家制定了规则,一起合作完成T台表演。杨颜羽召集小朋友们按高矮排队,商讨出场顺序和走T台的路线(起点到台前再原路返回自己的位置),并要求走到台前摆一个造型(自由创编造型)。在练习的过程中,杨颜羽拉着同伴个别指导,一个一个地陪同他们走T台的路线。

第二次合作表演后,杨颜羽发现缺少了完整的谢幕退场环节,于是孩子们又一起商讨制定了走秀流程——大家一起出场走到台前摆造型,最后原路返回化妆间,于是有了第三次完整的走秀表演。

思考:在宽松、包容、自由发展的环境中,幼儿能以自己的方式学习,这有助于幼儿创造自我和实现自我。在一个有秩序的、生机勃勃的、愉快的环境里,有着宽容和接纳的气氛,幼儿不再是被动的知识接受者,教师也不再是高高在上的知识传授者,幼儿和教师是一种新型的伙伴关系。案例中,因为教师创设了一个以幼儿为主体的和谐宽松的人际环境,孩子们才能聚在一起玩耍、欢笑、学习,主动投入游戏,无拘无束地开展游戏。

从开始的自由表演,到杨颜羽发现有人没有参与到游戏中来,孩子们决定商讨制定游戏规则:出场顺序和走T台的路线(起点到台前再原路返回自己的位置),并要求走到台前摆一个造型(自由创编造型)。当乐乐走秀时没有按杨颜羽制定的规则返回原来地点,她及时发现、提醒并个别指导。当提醒依然没有起到效果时,她又想出改变出场顺序的方法,不断调整指导策略。

通过案例,我们可以看到幼儿在区域中表现出浓厚的兴趣,只有出自内在的兴趣需要而选择的游戏才是幼儿自己真正的、快乐的游戏。游戏中,幼儿自主创设游戏环境、自主选择服装与配饰、自主分配角色、自定游戏规则、照顾同伴,充分发挥了主动性和创造性,学会了协商、轮流、谦让、合作等重要的交往技能,同时也提升了游戏水平,发展了社会交往能力。

教师的感悟

1. 主题课程的确立应从幼儿的兴趣入手

“多彩的服饰”主题源于幼儿的一条裙子,又从一条裙子拓展为其他的问题。幼儿的种种好奇,引发了探究的愿望。教师结合幼儿的年龄特点,从他们的生活入手,以他们的兴趣为出发点,选择了适宜的主题开展活动。

2. 主题课程的发展应合理利用多方面的资源

我们的城市有很多服装厂，最有名的就是宜禾服饰，它里面建了一个对外开放的服装博物馆，收集了不同时代的服装，比较有特色。教师利用这样的社会资源，带幼儿进行参观，开拓了幼儿的眼界，拓展了幼儿的思维。主题开展的过程中，教师又利用家长资源，让家长和幼儿一起收集网上的少数民族的服装资料，带幼儿了解少数民族服装文化。与此同时，鼓励家长和幼儿利用旧衣服进行改造。活动不仅增加了亲子之间的感情，还让幼儿多了一次动手创作的机会。在送衣服献爱心的活动中，孩子们认识了社区的爱心回收箱，了解了它的功能，并从活动中懂得了关爱，懂得了珍惜。

3. 主题课程应遵循幼儿发展需要，内容预设与生成相结合

主题确定之后，教师要根据幼儿的发展需要制定目标，目标的确定要具有科学性、连续性、合理性，然后根据五大领域的目标预设活动，保证五大领域的课程都要涉及，要有计划地引导幼儿生动活泼、主动地发展。主题内容预设之后，教师还要结合幼儿不断提出的各种问题，灵活地生成一些课程，让幼儿更好地去探究与学习。

服饰是人类特有的劳动成果，它既是物质文明的结晶，又具有精神文明的含义。整个课程始终坚持以幼儿为主体，从他们感兴趣的知识点出发，去研究课程，设置课程。活动中，教师和幼儿一起商量，布置班级主题墙，设置主题区域，并利用家长资源和社会资源去深入课程的探究。主题课程的开展不仅丰富了幼儿的知识，还培养了幼儿各方面的情感和能力。我们也将在以后的课程中，始终坚持以幼儿为主体，做好幼儿的引导者、支持者、合作者，和幼儿共同成长。

专家点评

陈鹤琴先生指出：“大自然、大社会都是活教材。”服饰是人类物质文明与精神文明的结合物，兼具自然与社会资源的属性，具有课程价值与意义。“多彩的服饰”这一课程故事始于一个女孩穿戴美丽的裙子与饰品，引起了全班幼儿的兴趣。教师抓住幼儿兴趣点，引导幼儿开展调查、计划、参观、设计、制作、走秀等丰富多彩的、适宜幼儿学习特点的活动，实现幼儿多方面经验的获得。该故事有以下三点值得反思与学习：

第一，杜威认为经验具有交互性与连续性两个特征，经验的交互性与连续性达成经验的整合与内化。经验的交互性是指经验源于个体与周围环境的交互作用，该活动利用幼儿园、服饰馆、家庭场所实现了幼儿与环境的全面互动；经验的连续性是指经验获得是一个持续深入的过程，一个经验如果既无前也无后，只是一些偶发的事件，它是没有生命和发展的，只有系列持续的活动开展才有真经验的获得。该活动中，幼儿通过对同伴模仿实现经验的相通，通过参观服饰馆丰富经验，通过制作服饰实践、深化、迁移经验，通过走秀实现经验的整合，这一经验过程是连续的。

第二，经验是一种尝试，只要尝试就需要幼儿不断“试误”，就需要教师创设宽松的氛围去“容错”，需要不断地支持和鼓励幼儿不怕困难、勇于探索的活动。比如，该活动中幼儿给芭比娃娃穿衣服，就经历了多次的探索与反思，不断去完善和修正自己的经验，来达到对经验持续深入的理解。

第三，需要注意课程活动中幼儿个人兴趣与集体兴趣之间的关系、不同性别幼儿兴趣之间的关系，需要思考如何通过教师引导将个人兴趣转化为集体兴趣、将部分幼儿兴趣转化为全体幼儿兴趣，进而生成可在全班开展的课程活动。同时，要注意课程活动的挑战性，有挑战才有反思，才能动手又动脑地去创造，才有新经验的获得，这样的课程才是有质量的课程。

（苏州幼儿师范高等专科学校　张　晗）